इलेक्ट्रोप्लेटर प्रथम वर्ष हिंन्दी MCQ

मनोज डोळे

डिजिटाइजेशन समय की मांग है। भविष्य में, प्रशिक्षण को अधिक सुविधाजनक और आसान बनाने के लिए ऑनलाइन इंटरनेट का उपयोग करके औद्योगिक प्रशिक्षण संस्थानों में प्रशिक्षण आयोजित करने की आवश्यकता होगी। एमसीक्यू प्रश्नों के एक सेट वाली ई-पुस्तकें प्रशिक्षुओं को उपलब्ध कराई जाएंगी क्योंकि उन्हें अपने औद्योगिक प्रशिक्षण संस्थानों में होने वाली ऑनलाइन परीक्षाओं की तैयारी के लिए बहुविकल्पीय प्रश्नों एमसीक्यू के अधिक आदी होने की आवश्यकता है।

इन सब बातों को ध्यान में रखते हुए औद्योगिक प्रशिक्षण संस्थान सतारा के प्रशिक्षक श्री मनोज मधुकर डोले ने नई वार्षिक प्रणाली और एनएसक्यूएफ-5 पाठ्यक्रम के अनुसार पुस्तकें लिखी हैं। और उन्होंने प्रशिक्षण को आसान बनाने के लिए सैद्धांतिक मोबाइल ऐप और ब्लॉग बनाए हैं, और इन सभी शैक्षिक सामग्री को विश्व प्रसिद्ध वेबसाइटों Google Play Store, Amazon और Apple Book Store पर डाउनलोड के लिए उपलब्ध कराया है।

पुस्तकों का प्रकाशन माननीय सहसंचालक श्री राजेंद्र घुमे साहेब प्रादेशिक व्यावसायिक शिक्षण व प्रशिक्षण कार्यालय, पुणे द्वारा दिनांक 9/1/2019 को किया गया, इस समय श्री प्रकाश सहगवकर साहब प्राचार्य शासकीय औद्योगिक प्रशिक्षण संस्थान औंध पुणे, श्री तुकाराम मिसाल साहेब प्राचार्य सरकार प्र. संस्था सतारा, श्री सचिन धूमल साहब जिला व्यावसायिक शिक्षा एवं प्रशिक्षण अधिकारी सतारा, श्री यतिन परगांवकर साहब प्राचार्य शासन. Q. संस्था कोल्हापुर, श्री विकास टेक साहब इंस्पेक्टर वोकेशनल एजुकेशन एंड ट्रेनिंग रीजनल ऑफिस पुणे, पालेकर फूड्स प्रोडक्ट्स प्रा. लि. सतारा के उद्यमी अध्यक्ष श्री नीलकंठराव पालेकर साहब, हीरा फूड्स के अध्यक्ष श्री इब्राहिम बाबा तंबोली साहब, श्रीमती शाल्मली पवार मुख्याध्यापिका शासकीय तकनीकी विद्यालय केंद्र सतारा सहित अन्य गणमान्य व्यक्ति इस अवसर पर उपस्थित थे।

क्रम-सूची

प्रस्तावना

इलेक्ट्रोप्लेटर फर्स्ट ईयर हिंन्दी MCQ आईटीआई और इंजीनियरिंग कोर्स इलेक्ट्रोप्लेटर फर्स्ट ईयर, संशोधित एनएसक्यूएफ सिलेबस के लिए एक सरल किताब है , इसमें रेखांकित और बोल्ड सही उत्तरों के साथ वस्तुनिष्ठ प्रश्न हैं, जिसमें सुरक्षा और पर्यावरण के बारे में नवीनतम और महत्वपूर्ण, आग के उपयोग सहित सभी विषयों को शामिल किया गया है। अग्निशामक और उद्योग में शामिल विभिन्न सुरक्षा उपाय। उन्हें व्यापार उपकरण और मशीनरी, फाइलिंग, हैक सॉइंग, प्लानिंग, ड्रिलिंग, मार्किंग, कटिंग और चिपिंग आदि पर अभ्यास करने का विचार मिलता है। विभिन्न प्रकार के कंडक्टरों, केबलों की पहचान करता है, वायर जॉइंट तैयार करता है और क्रिम्पिंग और सोल्डरिंग सीखता है। किरचॉफ के नियम, ओम के नियम, प्रतिरोध के नियमों और उनके अनुप्रयोगों जैसे बुनियादी विद्युत कानूनों का ज्ञान। प्रशिक्षु बैटरियों की स्थापना, परीक्षण और रखरखाव और पैनलों की वायरिंग सीखता है । प्रशिक्षु को इलेक्ट्रोप्लेटिंग की बुनियादी प्रक्रिया का विचार मिलता है। प्रशिक्षु विभिन्न समाधानों को संभालना, खतरनाक रसायनों के उपचार, इलेक्ट्रोप्लेटिंग की दुकान में सुरक्षा सावधानियों, प्राथमिक चिकित्सा और रासायनिक विषाक्तता के लिए एंटीडोट्स को संभालना सीखता है। चढ़ाना से पहले वस्तुओं की तैयारी, पॉलिशिंग, बफिंग, ब्लास्टिंग, इलेक्ट्रो-क्लीनिंग, अल्ट्रासोनिक सफाई और वाष्प degreasing आदि जैसे विभिन्न प्रकार की सफाई। अलग-अलग तरीकों से निकल और ब्राइट एंड हार्ड क्रोमियम चढ़ाना पर कौशल अभ्यास, आमतौर पर चढ़ाना में आने वाले विभिन्न दोष, कारण इन दोषों के लिए, उनके उपचार और दोषपूर्ण जमा को दूर करने के विभिन्न तरीकों के लिए। और बहुत अधिक।

हम प्रत्येक नए संस्करण के साथ नए प्रश्न उत्तर जोड़ते हैं। किसी भी त्रुटि/चूक के मामले में कृपया हमें ईमेल करें। यह यकीनन सभी इंजीनियरिंग बहुविकल्पीय प्रश्नों और उत्तरों के लिए सबसे बड़ी और सर्वश्रेष्ठ ई-बुक है।

एक छात्र के रूप में आप इसे अपनी परीक्षा की तैयारी के लिए उपयोग कर सकते हैं। यह ई-पुस्तक प्रोफेसरों के लिए सामग्री को ताज़ा करने के लिए भी उपयोगी है।

भूमिका

डीजीईटी नई दिल्ली और सीएसटीएआरआई कोलकाता अगस्त 2018 सत्र से आईटीआई में सभी व्यवसायों के लिए एक वार्षिक पैटर्न लागू कर रहे हैं। परीक्षा प्रणाली में भी बदलाव किया जाएगा और यह इस साल से ऑनलाइन हो जाएगी और चूंकि सभी प्रश्न वस्तुनिष्ठ प्रकार (एमसीक्यू) के हैं, इसलिए प्रशिक्षुओं को गहन अध्ययन की सख्त जरूरत है। इसे ध्यान में रखते हुए हमें पुराने NIMI पैटर्न पर आधारित पुस्तकें और नए वार्षिक पैटर्न का संपूर्ण अवलोकन प्रस्तुत करते हुए प्रसन्नता हो रही है, और हम आशा करते हैं कि ये पुस्तकें सभी व्यावसायिक निदेशकों और प्रशिक्षुओं के लिए एक मार्गदर्शक होंगी। है।

इन पुस्तकों को लिखने के लिए आईटीआई अकलुज के प्राचार्य जोहर अवाटे साहब ने कहा। आईटीआई सतारा सहगवकर साहब के पूर्व प्राचार्य, सहायक निदेशक श्री चंद्रकांत ढेकने साहेब क्षेत्रीय व्यावसायिक शिक्षा एवं प्रशिक्षण कार्यालय, पुणे, जिला व्यावसायिक शिक्षा एवं प्रशिक्षण अधिकारी सचिन धूमल साहेब एवं प्रधानाध्यापक शासकीय तकनीकी विद्यालय केन्द्र शाल्मली पवार मैडम एवं पुत्र अधिराज डोले, माता कुसुम डोले , मैं अपने पिता मधुकर डोले और पत्नी अश्विनी डोले को समय-समय पर उनके विशेष मार्गदर्शन और सहयोग के लिए बहुत आभारी हूं।

साथ ही, बहुत ही कम समय में श्री राजेन्द्र घुमे साहेब, संयुक्त निदेशक, व्यावसायिक शिक्षा और प्रशिक्षण क्षेत्रीय कार्यालय, पुणे द्वारा पुस्तक के प्रकाशन में उनके अमूल्य समय के लिए पुस्तक की समीक्षा की गई। मैं उनकी प्रतिक्रिया के लिए हृदय से आभारी हूँ।

पुस्तक लिखने की शुरुआत से ही निरंतर समर्थन के लिए मैं आईटीआई सतारा के प्रशिक्षक का आभारी हूं।

इस पुस्तक से, मैं खुद को धन्य मानता हूं कि मैंने आपके साथ ई-लर्निंग पर अपने विचार साझा किए। मैं यह दावा नहीं करूंगा कि यह पुस्तक पूर्ण है, क्योंकि पूर्णता को देखते हुए यह पुस्तक एक प्रयास है और अपनी शैशवावस्था में है। यदि उनका परीक्षण और सुझाव दिया जाए तो वे सुधार के लिए मूल्यवान होंगे।

मनोज डोले

दिनांक 9/1/2019

पावती (स्वीकृति)

21वीं सदी में औद्योगिक क्षेत्र में तेजी से बढ़ती मांग के अनुरूप बहु-कुशल कारीगरों की आपूर्ति के लिए व्यावसायिक शिक्षा और प्रशिक्षण विभाग के माध्यम से व्यावसायिक शिक्षा और प्रशिक्षण विभाग के माध्यम से व्यावसायिक शिक्षा और प्रशिक्षण प्रदान किया जाता है। संस्थानों के भीतर सभी व्यवसाय महत्वपूर्ण हैं, क्योंकि इन व्यवसायों के प्रशिक्षु उद्योग की मांगों के अनुसार बहु-कौशल विकसित करते हैं।

सभी व्यवसायों के लिए उपयुक्त एमसीक्यू ई-पुस्तकें उपलब्ध कराने के नेक इरादे से, यह देखते हुए कि औद्योगिक क्षेत्र के सभी उद्योगों में सभी परीक्षाएं ऑनलाइन आयोजित की जाती हैं और इसमें एमसीक्यू पद्धति के प्रश्न शामिल होते हैं। श्री मनोज मधुकर डोले ने नए वार्षिक पाठ्यक्रम के अनुसार एमसीक्यू पद्धति पर एक बहुत अच्छी ई-बुक लिखी है। यह ई-पुस्तक निश्चित रूप से सभी प्रशिक्षुओं, प्रशिक्षु उम्मीदवारों, प्रशिक्षण प्रशिक्षकों और अन्य संबंधितों के लिए एक मार्गदर्शक होगी।

पुस्तक के लेखक श्री मनोज मधुकर डोले, इंस्ट्रक्टर गॉव आईटीआई सतारा को 17 साल का प्रशिक्षण अनुभव है। एक नए वार्षिक पैटर्न के रूप में लिखी गई, यह ई-बुक प्रत्येक विषय के लिए लेआउट, सरल भाषा और सरल सिंटैक्स, आरेख और वीडियो को समझने के लिए आधुनिक डिजिटल क्यूआर कोड तकनीक को शामिल करती है। इसलिए मुझे विश्वास है कि यह ई-पुस्तक निश्चित रूप से गहन अध्ययन और परीक्षा अभ्यास के लिए उपयोगी होगी। उन्होंने जो कार्य किया है वह निश्चित रूप से काबिले तारीफ है।

श्री तुकाराम मिसाल
प्राचार्य शासकीय औद्योगिक प्रशिक्षण संस्था सातारा.

आमुख

हमारे औद्योगिक प्रशिक्षण संस्थानों की औद्योगिक प्रशिक्षण और सैद्धांतिक परीक्षा प्रणाली और इन परिवर्तनों को शिल्प प्रशिक्षकों और प्रशिक्षुओं द्वारा स्वीकार किया गया है। आपके औद्योगिक प्रशिक्षण संस्थानों में आयोजित सैद्धांतिक परीक्षाएं भी ऑनलाइन आयोजित की जाती हैं। चूंकि ये परीक्षाएं बहुविकल्पीय एमसीक्यू पद्धति की हैं, इसलिए प्रशिक्षुओं को ऐसे प्रश्नों का अधिक अभ्यास करने की आवश्यकता होगी।

इन सब बातों को ध्यान में रखते हुए श्री मनोज मधुकर, निदेशक, डोले क्राफ्ट्स, कटारी औद्योगिक प्रशिक्षण संस्थान, सतारा, ने नई वार्षिक प्रणाली और NSQF-5 के अनुसार, गहन अध्ययन किया है और अपनी मेहनत से और अपनी गहरी बुद्धि को जोड़ा है। पाठ्यक्रम, कटारी और अन्य मशीन ट्रेडों की ई-बुक। -बुक) और उन्होंने प्रशिक्षण को आसान बनाने के लिए सैद्धांतिक विषयों पर मोबाइल ऐप और ब्लॉग बनाए हैं और इन सभी शैक्षिक सामग्री को विश्व प्रसिद्ध वेबसाइटों Google Play Store, Amazon और Apple Book Store पर डाउनलोड के लिए उपलब्ध कराया है। प्रिंट संस्करण बनाकर और क्यूआर कोड जैसी उन्नत तकनीकों का उपयोग करके प्रशिक्षण को आसान बना दिया गया है।

ये सभी शैक्षिक सामग्री निश्चित रूप से सभी प्रशिक्षुओं के लिए गहन अध्ययन के लिए और शिल्प प्रशिक्षकों और अन्य संबंधितों के लिए एक मार्गदर्शक होगी जो व्यावसायिक प्रशिक्षण प्रदान कर रहे हैं।

1

इलेक्ट्रोप्लेटरप्रथम वर्ष हिंन्दी QR Code Images

Download App
Online Test Exam
ITI Books
AutoCAD CAM
JOB & Apprentice
Online Theory
Computer Course
Trading Course
CNC Course
MSCIT Course
Shopping Business
Internet Business
Web Designing
Online Services
Top Sportsmans
Indian Army
Freedom Fighters
Top Scientists
Social Reformers
Motivational Speaker
Top Richest People
Join WhatsApp Group
Join Facebook Group
Like Facebook Page
PAN / Adhar / Licence Passport

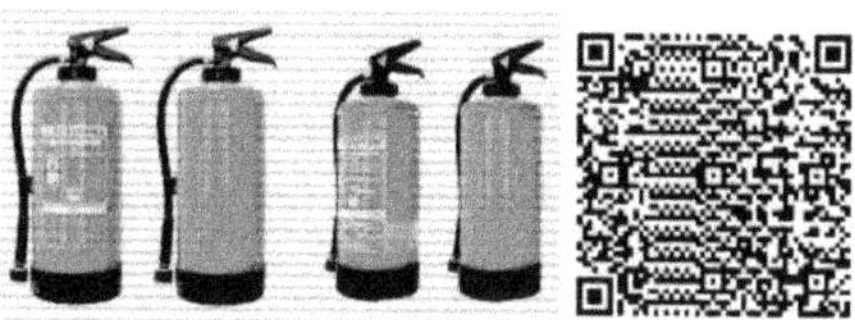

Fire extinguisher

Calliper

Hacksaw frame

Universal surface guage

Hammer

Centre punch

Bench vice

Files

Scraper

Surface Plate

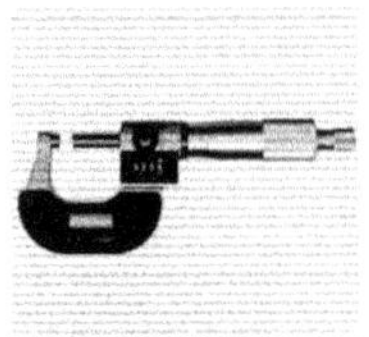

Outside Micrometer

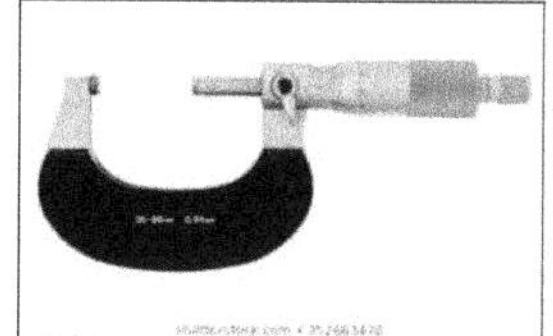

Micrometer

Depth micrometer

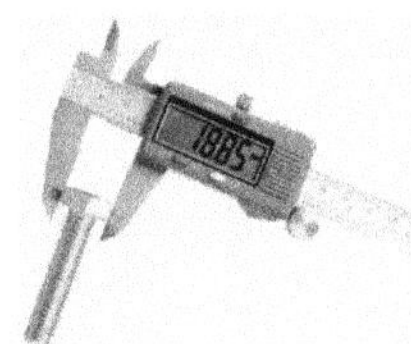

Vernier Calliper

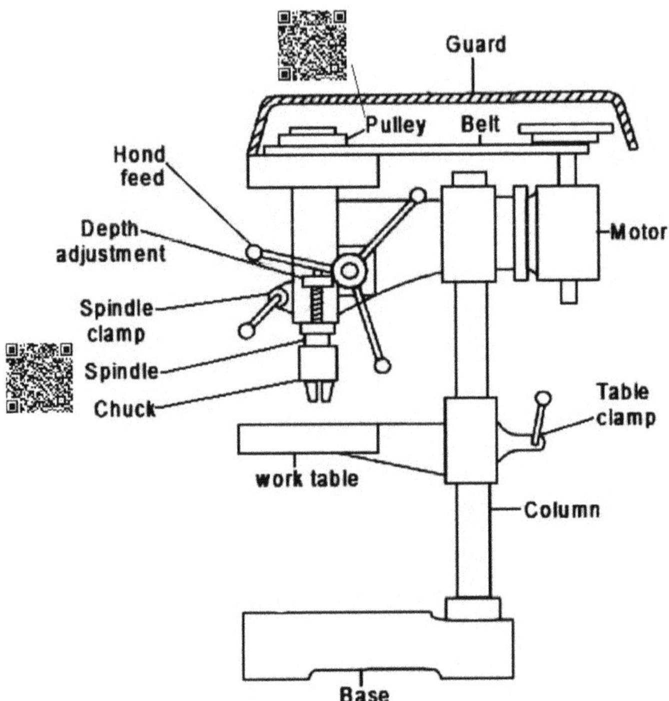

Piller Drilling Machine

Bench Grinding Machine

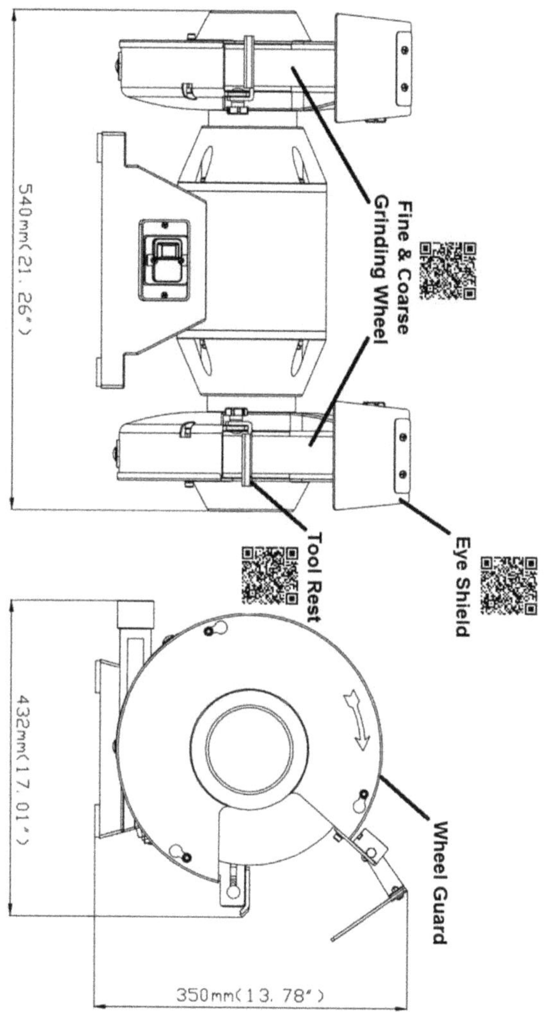

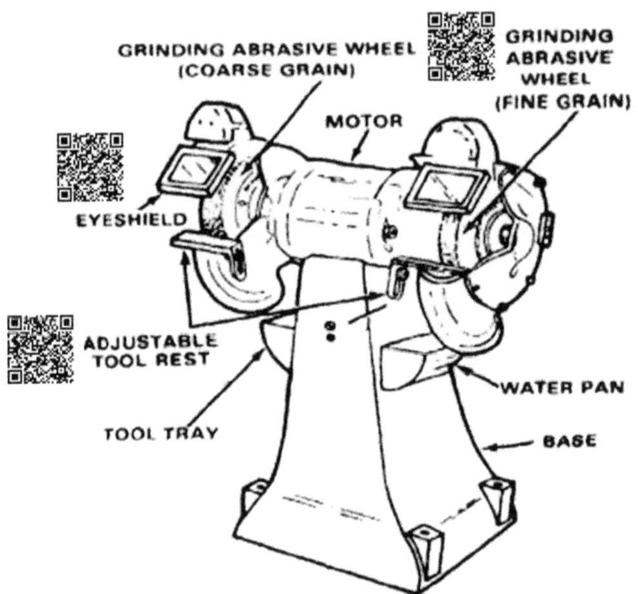

Pedastal Grinding Machine

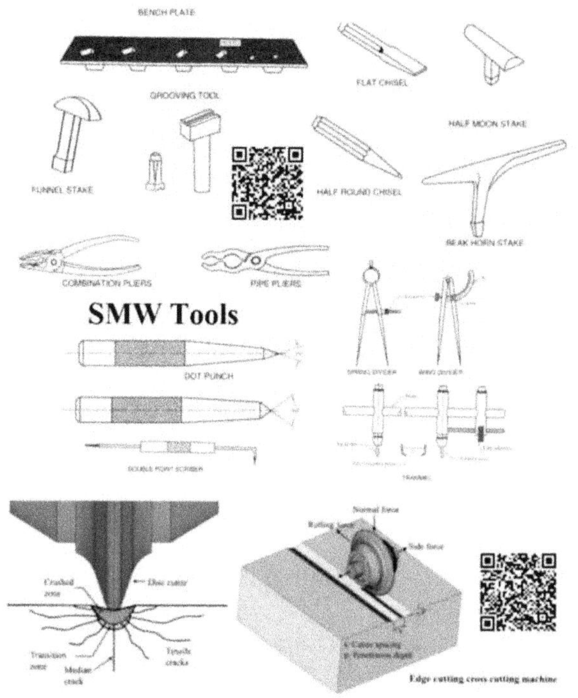
BENCH PLATE
FLAT CHISEL
GROOVING TOOL
HALF MOON STAKE
FUNNEL STAKE
HALF ROUND CHISEL
BEAK HORN STAKE
COMBINATION PLIERS
PIPE PLIERS
SMW Tools
DOT PUNCH
Normal force
Side force
Crushed zone
Disc cutter
Transition zone
Median crack
Tensile cracks
Edge cutting cross cutting machine

14
ITI Book MCQ - Manoj Dole
www.itibook.com
battery
capacitor
cell
dynamometer
electromagnet
heater
inductance
magnet
www.itigov.blogspot.com
www.jobapprentices.blogspot.com
www.ititests.blogspot.com
www.itibook.com

15 ITI Book MCQ - Manoj Dole
www.itibook.com
megger
motor
multimeter
ohmmeter
resistores
star connected alternator
voltmeter ammeter
wattmeter
www.itigov.blogspot.com
www.jobapprentices.blogspot.com
www.ititests.blogspot.com
www.itibook.com

2

इलेक्ट्रोप्लेटर प्रथम वर्ष हिंन्दी MCQ

1] कौन सी वर्कशॉप सेफ्टी है?

<u>ए] दुकानकेफर्शकोसाफऔरग्रीस, तेलयाअन्यफिसलनसामग्रीसेमुक्तरखें</u>

बी] गति बदलने से पहले मशीन बंद करो

सी] फटे या चिपके हुए औजारों का प्रयोग न करें

D] चल रही मशीन को हाथ से रोकने की कोशिश न करें

2] पर्सनल प्रोटेक्ट इक्विपमेंट (पीपीई) में हेल्मेट का उपयोग किया जाता है

<u>ए] सिरकीरक्षाकरें</u>

बी] आंखों की रक्षा करें

सी] हाथों की रक्षा करें

डी] कानों की रक्षा करें

3] निम्नलिखित में से कौन सामान्य सुरक्षा से संबंधित है?

A एक कार्यकर्ता को अच्छे व्यवहार में रखें

बी] काम साफ और स्पष्ट

सी] अपने काम पर ध्यान लगाओ

<u>डी] फर्शऔरगैंगवेकोसाफऔरसाफरखें</u>

4] पीसते समय आंखों की सुरक्षा के लिए किसका प्रयोग किया जाता है?

ए] गहरा हरा कांच

बी] मुखौटा

सी] धूप का चश्मा

<u>डी] सुरक्षाचश्मा</u>

5] मशीन सुरक्षा के लिए निम्नलिखित में से क्या किया जाता है?

<u>ए] मशीनशुरूकरनेसेपहलेतेलकेस्तरकीजांचकरें</u>

बी] चीजों को व्यवस्थित तरीके से करें

सी] फर्श और गैंगवे को साफ और साफ रखें

डी] डाई और स्कार्फ का प्रयोग न करें

6] पर्सनल प्रोटेक्ट इक्विपमेंट (पीपीई), 'स्लीव्स' का इस्तेमाल ---------- की सुरक्षा के लिए किया जाता है

एक चेहरा

बी] आंखें

सी] कान

डी] हाथ

7] एबीसी का मतलब --------------

ए] स्वचालित श्वास नियंत्रण

बी] स्वचालित रक्त नियंत्रण

सी] वायुमार्गश्वासपरिसंचरण

डी] स्वचालित रक्त परिसंचरण

8] आग और आग बुझाने वाले

fire extingusher Fire Extingusher

अग्निशामक: आग

9] "क्लास बी" की आग को बुझाने के लिए किस प्रकार के अग्निशामक यंत्र का उपयोग किया जाता है ....

ए] शुष्कशक्ति

बी] कार्बन डाइऑक्साइड

सी] पानी की जेट

डी] फोम प्रकार

10] सामान्य आग को बुझाने के लिए किस प्रकार के अग्निशामक यंत्र का उपयोग किया जाता है?

ए] जलप्रकारबुझानेवाला

बी] फोम प्रकार बुझाने वाला

सी] शुष्क रासायनिक पाउडर एक्सटिंगुइशर

डी] कार्बन डाइऑक्साइड (C02] बुझाने वाला)

11] खून बहने की स्थिति में उपचार करें

डी] ठंडा 3" और आराम

<u>ए] ठंडेपानीकाछिड़कावकरें</u>

बी] तुरंत पट्टी -----।

बी] दुर्घटना विचार उपचार के बारे में पूछताछ

safety workshop safety

12] दुर्घटना की स्थिति में पीड़ित को

ए] आराम करने के लिए कहा

<u>सी] तुरंतभागलिया</u>

डी] उसे छोड़ दो

13] प्राथमिक उपचार किसी घायल या बीमार व्यक्ति को प्राथमिक रूप से दिया जाता है....

ए] जीवन बचाओ

बी] मफ की और गिरावट को रोकें

सी] सर्वोत्तम संभव आराम दें

<u>डी] येसभी</u>

14] बेकार कागज को अलग करने के लिए डिब्बे का रंग कोड है -----

<u>ए] नीलारंग</u>

बी] पीला रंग

सी] लाल रंग

डी] हरा रंग

15] जापानी में Seiko का अर्थ -------------- होता है

<u>ए] शाइन</u>

बी] क्रमबद्ध करें

सी] मानकीकरण

डी] सस्टेनेबल

16] एसएस प्रणाली का लाभ है ------

ए] उत्पादकता में वृद्धि

बी] गुणवत्ता में वृद्धि
सी] समय की बर्बादी में कमी
डी] येसभी
17] सुरक्षा है -----------
ए] किसी का व्यवसाय नहीं
बी] हरबॉडीबिजनेस
सी] कुछ निकायों का व्यवसाय
डी] संगठन व्यवसाय
18] सुरक्षा चिन्हों की बुनियादी श्रेणियों के लिए "निषेध" चिन्ह का अर्थ उपलब्ध है ----
ए] दिखाताहैकियहनहींकियाजानाचाहिए
बी] दिखाता है कि क्या किया जाना चाहिए
सी] खतरे या खतरे की चेतावनी देता है
डी] सुरक्षा प्रावधान की जानकारी देता है
18] एक माइक्रोमीटर (U) बराबर होता है...
ए] 0.1 मिमी
बी] 0.01 मिमी
सी] 0.001 मिमी
डी] 0.0001 मिमी
19] एक स्लॉट की चौड़ाई मापने के लिए कैलीपर है...
ए] अजीब पैर कैलिपर
बी] बाहरी कैलिपर
सी] जेनी कैलिपर
डी] कैलिपरकेअंदर

caliper hand tools

कैलिपर

20] डिवाइडर का आकार ----------- द्वारा निर्दिष्ट किया जाता है
ए] पैरों की कुल लंबाई
बी] पूरी तरह से खुलने पर बिंदुओं के बीच की दूरी
सी] बिना बिंदुओं के पैरों की लंबाई

डी] धुरीऔरबिंदुकेबीचकीदूरी

21] डेटम किनारे के समानांतर समानांतर रेखाओं को चिह्नित करने के लिए इस्तेमाल किया जाने वाला उपकरण है -

ए] जेनीकैलिपर

बी] डिवाइडर

सी] बाहरी कैलिपर

डी] कैलिपर के अंदर

22] निम्नलिखित में से कौन सा एक अप्रत्यक्ष माप उपकरण है?

ए] बाहरीकैलिपर

बी] वर्नियर कैलिपर

सी] स्टील नियम

डी] बाहरी माइक्रोमीटर

23] पतली टयूबिंग काटने के लिए, हैक्सॉ ब्लेड की सबसे उपयुक्त पिच है...

ए] 1.8 मिमी

बी] 1.4 मिमी

सी] 1 मिमी

डी] 0.8 मिमी

24] ठोस पीतल काटने के लिए, हैक्सॉ ब्लेड की सबसे उपयुक्त पिच है...

ए] 1.8 मिमी

बी] 1.4 मिमी

सी] 1 मिमी

डी] 0.8 मिमी

hacksaw Hacksaw Frame Blade

हक्सॉ फ्रेम

25] एक नया हैक्सॉ ब्लेड कुछ स्ट्रोक के बाद ढीला हो जाता है क्योंकि...

ए] ब्लेडकाखिंचाव

बी] विंग-अखरोट के धागे खराब हो रहे हैं

सी] ब्लेड की गलत पिच

डी] आरी के सेट का अनुचित चयन।

26] छोटे व्यास के पाइपों को काटते समय नियमित रूप से देखने और यह सुनिश्चित करने की सलाह दी जाती है कि...

ए] कट घुमावदार रेखा के साथ है

बी] अधिकदेखादांतअनुबंधमेंहैं

सी] काम ज़्यादा गरम नहीं है

डी] हैकसॉ का उचित संतुलन बनाए रखा जाता है

27] वाइस क्लैम्प का उपयोग किया जाता है ...

ए] कठोर जबड़े की रक्षा करें

बी] काम के टुकड़ों को सख्ती से जकड़ें

सी] तैयारसतहोंकीरक्षाकरें

डी] जंगम जबड़े को दाखिल होने से रोकें

28] अंकन के दौरान संदर्भ सतह द्वारा प्रदान की जाती है ...

ए] भूतल गेज

बी] वर्कपीस

सी] काम का चित्रण

डी] तालिकाकीसतहकोचिह्नितकरना

29] एक इंजीनियर के वाइस का आकार किसके द्वारा निर्दिष्ट किया जाता है...

ए] जंगम जबड़े की लंबाई

बी] जबड़ेकीचौड़ाई

सी] वाइस की ऊंचाई

D] जबड़ों का अधिकतम खुलना

30] यूनिवर्सल सरफेस गेज का वह भाग जो एक डेटम एज के साथ समानांतर रेखा खींचने में मदद करता है, वह है ..

ए] रॉकर आर्म

बी] सुखद

सी] ठीक समायोजन पेंच

डी] गाइडपिन

universal surface gauge

Surface Gauge

यूनिवर्सल सरफेस गेज

31] स्क्राइबर किससे बने होते हैं...

ए] माइल्ड स्टील

बी] उच्चकार्बनस्टील

सी] पीतल

डी] कच्चा लोहा

32] हथौड़े के हैंडल को ठीक करने के लिए इस्तेमाल किया जाने वाला हिस्सा है...

एक चेहरा

बी] पीन

सी] गाल

डी] आँखकाछेद

33] अंकन के उद्देश्य के लिए हथौड़े का वजन है...

ए] 250g

बी] 500g

सी] 1 किलो

डी] 2 किग्रा

hammer Hammers

हथौड़ा

34] डिवाइडर का आकार किसके द्वारा निर्दिष्ट किया जाता है...

ए] पैरों की कुल लंबाई

बी] पूरी तरह से खुलने पर बिंदुओं के बीच की दूरी

सी] बिंदुओं के बिना पैरों की लंबाई

डी] धुरीऔरबिंदुकेबीचकीदूरी

35] 'वी' ब्लॉक के खांचे का सम्मिलित कोण हमेशा होता है....

ए] 45◦

बी] 60◦

सी] 90◦

डी] 120◦

36] 'वी' ब्लॉक ग्रेड में उपलब्ध हैं ...

ए] एऔरबी

बी] ए, बी और सी

सी] 1,2 और 3

डी] 1 और 2

37] ग्रेड 'बी' के 'वी' ब्लॉक के बने होते हैं

ए] कच्चालोहा

बी] हल्के स्टील

सी] स्टील

डी] कास्ट स्टील

38] केंद्र का पता लगाने के लिए इस्तेमाल किए जाने वाले पंच का नाम बताइए।

A] प्रिक पंच 30°

B] प्रिक पंच 60°

सी] केंद्रपंच

डी] डॉट पंच

Centre punch 1 Punches

केंद्र पंच

39] सेंटर पंच का पॉइंट एंगल -------- होता है

ए] 30 डिग्री

बी] 50 डिग्री

<u>सी] 900</u>

डी] 1200

40] पंचों का उपयोग किसी भी आकार के ---------- बनाने के लिए किया जाता है

<u>ए] छेद</u>

बी] खनन

सी] नूरलिंग

सपना देखना

41] आम तौर पर वाइस के हैंडल की लंबाई ---------- होती है

ए] वाइस के सामान्य आकार का 1.5 गुना

<u>बी] वाइसकेसामान्यआकारका 2.5 गुना</u>

सी] वाइस के सामान्य आकार का 3.5 गुना

डी] वाइस के सामान्य आकार का 4.5 गुना

bench vice Bench Vice

बेंच वाइस

42] बेंच वाइस स्पिंडल .... का बना होता है।

ए] माइल्डस्टील

बी] कच्चा लोहा

सी] टूल स्टील

डी] कांस्य

43] फाइलों की उत्तलता मदद करती है...

ए] अवतल सतहों को फाइल करने के लिए

बी] उत्तल सतहों को फाइल करने के लिए

सी] कामकेकिनारोंकोगोलकरनेसेरोकनेकेलिए

D] दबाव डालने पर फाइल सीधी हो जाती है

files 1 Files

फ़ाइलें

44] लकड़ी, चमड़ा और अन्य नरम सामग्री भरने के लिए किस फाइल का उपयोग किया जाता है? .

ए] सिंगल कट फाइल

बी] डबल कट फ़ाइल

सी] रास्पकटफ़ाइल

डी] घुमावदार कट फ़ाइल

45] प्रयुक्त फाइल का प्रयोग ------------ के लिए किया जाता है

ए] काम के टुकड़े की सफाई

सी] फ़ाइल दांतों का नवीनीकरण

बी] फाइलदांतोंकीसफाई

डी] चिप्स की सफाई

46] फाइल कार्ड का उपयोग -------- के लिए किया जाता है

ए] काम के टुकड़े को साफ करें

सी] फ़ाइल दांत नवीनीकृत करें

बी] फाइलदांतसाफकरें

47] स्क्राइबर का बिंदु कोण ----------- है

ए] 30 डिग्री

बी] 60 डिग्री

सी] 5° से 10°

डी] 12° से 15°

48] कच्चा लोहा काटने के लिए काटने का कोण है...

ए] 37.5◦

बी] 55◦

सी] 60◦

डी] 90◦

chisel hand tools

49] छेनी सामग्री में खोदेगी जब...

ए] रेक कोण अधिक है

बी] निकासी कोण बहुत कम है

सी] झुकावकाकोणअधिकहै

डी] झुकाव का कोण बहुत कम है

50] अत्याधुनिक को थोड़ा उत्तलता दी जाती है...

ए] घुमावदार सतहों को काटें

बी] तेज कोनों को काटें

सी] सिरोंकीखुदाईरोकें

डी] स्नेहक को प्रवेश करने दें

51] सरफेस प्लेट्स किससे बनी होती हैं...

ए] उच्च ग्रेड कास्ट स्टील

बी] महीनदानेवालाकच्चालोहा

सी] मिश्र धातु स्टील्स

डी] गढ़ा लोहा

52] सतह की प्लेटें उनकी लंबाई और चौड़ाई से निर्दिष्ट होती हैं और में होती हैं
ए] डेसीमीटर
बी] घन मीटर
<u>सी] बेलनाकार</u>
53] एंगल प्लेट के बिना मशीनी हिस्से पर पसलियों को दिया जाता है...
ए] आसान हैंडलिंग
बी] निर्माण में सुविधा
सी] मशीनों पर सेट करते समय क्लैंपिंग
डी] <u>कठोरताऔरविरूपणकोरोकनेकेलिए</u>
54] एंगल प्लेट पर स्लॉट किसके लिए दिए गए हैं...
ए] वजन कम करना
बी] काम को संरेखित करना
सी] हुक का उपयोग करके उठाना
डी] <u>समायोजितबोल्ट</u>।
55] कोण प्लेटों के आकार द्वारा कहा गया है...
भार
बी] लंबाई
सी] लंबाई x चौड़ाई
डी] <u>आकारसंख्या</u>
56] हाई स्पीड पार्टिंग ऑफ के लिए सीमेंटेड कार्बाइड जैसी सामग्री पर काम है‘
ए] सभी मशीन करो
बी] मशीन काटना
<u>सी] हेवीड्यूटीपावरदेखा</u>
डी] खनन मशीन बैठे देखा
57] गन मेटल तांबे की मिश्रधातु है, ------------
<u>ए] टिनऔरजस्ता</u>
बी] सीसा और जस्ता
सी] जिंक और निकल
डी] सीसा और निकल

58] ढलवां लोहे का उपयोग मशीन बेड के निर्माण के लिए किया जाता है क्योंकि -------

ए] यहअधिकसंपीड़नतनावकाविरोधकरसकताहै

बी] यह वजन में भारी है

C] यह सस्ती धातु है

D] यह एक भंगुर धातु है

59] माइक्रोमेट्रिक के बाहर एक मीट्रिक की शुद्धता या न्यूनतम गणना --------- होती है

ए] 0-1 मिमी

बी] 0.01 मिमी

सी] 0.001 मिमी

डी] 0.02 मिमी

micrometer Out Side Micrometer

60] 1000 माइक्रोन का अर्थ है -----

ए] 1 मिमी

बी] 1 एम

सी] 1000 मिमी

डी] 10 सेमी

61] एक मीट्रिक माइक्रोमीटर में, थिम्बल अग्रिमों की एक पूर्ण क्रांति ------------

ए] 0.01 मिमी

बी] 0.25 मिमी

सी] 0.50 मिमी

डी] 1.00 मिमी

micrometer2 Out Side Micrometer

माइक्रोमीटर

62] माइक्रोमीटर में शाफ़्ट स्टॉप ------------ में मदद करता है

<u>ए] दबावकोनियंत्रितकरें</u>

बी] स्पिंडल को लॉक करें

सी] शून्य त्रुटि समायोजित करें

डी] काम के टुकड़े को पकड़ो

63] 1000 माइक्रोन का मतलब -------------

<u>ए] 1 मिमी</u>

बी] 1 एम

सी] 1000 मिमी

डी] 10 सेमी

64] माइक्रोमीटर के बाहर 50-75 मिमी की शून्य रीडिंग क्या है?

ए] 0.000 मिमी

बी] 0.01 मिमी

सी] 25.00 मिमी

<u>डी] 50.00 मिमी</u>

65] माइक्रोमीटर के बाहर एक मीट्रिक की आस्तीन पर सबसे छोटे विभाजन का मान है -----

<u>ए] 0.50 मिमी</u>

बी] 1.00 मिमी

सी] 1.50 मिमी

डी] 2.00 मिमी

66] माइक्रोमीटर में शाफ़्ट स्टॉप --------- में मदद करता है

<u>ए] दबावकोनियंत्रितकरें</u>

बी] स्पिंडल को लॉक करें

सी] शून्य त्रुटि समायोजित करें

डी] काम के टुकड़े को पकड़ो

67] गहराई माइक्रोमीटर की न्यूनतम संख्या है

ए] 0.5 मिमी

बी] 0.2 मिमी

सी] 0.001 मिमी

<u>डी] 0.01 मिमी</u>

Depth micrometer 1 Depth Micrometer

गहराई माइक्रोमीटर

68] वर्नियर कैलिपर की अल्पतम संख्या है (मुख्य पैमाना = 49 डिवीजन, वर्नियर स्केल = 50 डिवीजन]

ए] 0.1 मिमी

बी] 0.01 मिमी

सी] 0.001 मिमी

<u>डी] 0.02 मिमी</u>

vernier calliper 1 Vernier Caliper 1

वर्नियर कैलिपर

69] वर्नियर कैलिपर का उपयोग करके किए गए माप का प्रकार है------

ए] प्रत्यक्ष माप

<u>बी] अप्रत्यक्षमाप</u>

सी] 90"] (ए) 81 (बी]

डी] इनमें से कोई नहीं

70] वर्नियर बेवल प्रोट्रैक्टर की न्यूनतम संख्या है...

ए] 1”

बी] 5’

सी] 1◦

डी] 5

71] वर्नियर बेवल प्रोट्रैक्टर का वह भाग जो आमतौर पर कोणों को मापने के लिए संदर्भ आधार के रूप में उपयोग किया जाता है, वह है...

एक ब्लेड

बी] स्टॉक

सी] डिस्क

सी] मुख्य पैमाने

vernier bevel protractor 3 — Vernier Bevel Protractor

वर्नियर बेवल प्रोट्रैक्टर

72] वर्नियर बेवल रक्षक का वह भाग जिस पर मुख्य पैमाने पर विभाजन अंकित होते हैं, वह है...

स्टॉक

बी] डायल

सी] डिस्क

डी] समायोज्य ब्लेड

73] बेवल प्रोट्रैक्टर का वह भाग, जो मापते समय झुकी हुई सतह के संपर्क में आता है, वह है...

ए] ब्लेड

बी] स्टॉक

सी] डिस्क

डी] डायल

74] वर्नियर बेवल प्रोट्रैक्टर के मुख्य पैमाने के प्रत्येक भाग का मान है...

ए] 5‘
बी] 1◦
सी] 5◦
डी]10◦
75] बेवल प्रोट्रैक्टर के वर्नियर स्केल के प्रत्येक भाग का मान होता है...
ए] 1◦
बी] 1◦5’
सी] 1◦55‘
डी] 5’
76] टेंपर शैंक ड्रिल मशीन पर किसके माध्यम से आयोजित की जाती है...
ए] चक्स
बी] आस्तीन
सी] बहाव
डी] वाइस

drilling
taper shank drills machine

77] ड्रिल चक को ड्रिलिंग मशीन स्पिंडल पर किस माध्यम से फिट किया जाता है...
ए] घुमावदार अंगूठी
बी] आर्बोर
सी] बहाव
डी] पिनियन और कुंजी
78] अभ्यास पर प्रदान किया गया मोर्स टेपर के बीच...
ए] एमटी 1 सेएमटी 5
बी] मीट्रिक टन 1 से मीट्रिक टन 4
सी] एमटी 0 से एमटी 5
डी] एमटी 0 से एमटी 4
79] एक बहाव के लिए प्रयोग किया जाता है ...
ए] एक ड्रिल स्थान बनाना
बी] मशीन स्पिंडल पर चक फिक्सिंग
C] टूटी हुई ड्रिल को काम से हटाना
डी] मशीनस्पिंडलसेड्रिलकोहटाना

80] जब ड्रिल का टैंपर शैंक मशीन स्पिंडल से बड़ा होता है, तो ड्रिल को होल्ड करने का उपकरण एक...

ए] ड्रिल आस्तीन

बी] टेपरसॉकेट

सी] ड्रिल बहाव

डी] चक और कुंजी

81] ड्रिलिंग मशीन में माइल्ड स्टील की ड्रिलिंग के लिए उपयुक्त कटिंग फ्लुइड है...

ए] सिंथेटिक घुलनशील तेल

बी] साफ तेल

सी] आसुत जल

डी] घुलनशीलतेल

82] रेडियल ड्रिलिंग मशीन की एक विशेष विशेषता है...

ए] इसका उपयोग एचएसएस ड्रिल के साथ ड्रिलिंग के लिए किया जा सकता है

बी] तालिका को किसी भी स्थिति में स्थानांतरित और सेट किया जा सकता है

सी] विभिन्न प्रकार की गति उपलब्ध है

डी] धुरीकोकिसीभीस्थितिमेंलायाजासकताहै

piller

drilling machine drilling-machine-spindle

83] अभ्यास का बिंदु कोण निर्भर करता है...

ए] ड्रिल का आकार

बी] मशीन का प्रकार

सी] कामकीसामग्री

डी] ड्रिल का आरपीएम

84] एक मानक ड्रिल के लिए बिंदु कोण है...

ए] 60◦

बी] 108◦

सी] 118◦

डी] 135◦

85] पेचदार कोण निर्धारित करता है...

ए] कटिंग एंगल

बी] कोण चबाना

सी] रेककोण

डी] होंठ कोण

86] ड्रिल का निकासी कोण किसके बीच है...

ए] 3◦ से 5◦

बी] 8◦ से 12◦

सी] 12◦ से 20◦

डी] 15◦ से 20◦

87] एक दूरस्थ स्थान में (बिजली उपलब्ध नहीं है) एक रेल ट्रैक को ड्रिल किया जाना है। सही ड्रिलिंग मशीन चुनें

ए] रेडियल ड्रिलिंग मशीन

बी] स्तंभ ड्रिलिंग मशीन

सी] शाफ़्टड्रिलिंगमशीन

डी] संवेदनशील ड्रिलिंग मशीन

drilling drilling machine

ड्रिलिंग

88] एक बढ़ई द्वारा कैबिनेट बनाने के लिए इस्तेमाल की जाने वाली ड्रिलिंग मशीन एक...

ए] शाफ़्ट ड्रिलिंग मशीन

बी] रेडियल ड्रिलिंग मशीन

सी] ब्रेस्टड्रिलिंगमशीन

डी] संवेदनशील ड्रिलिंग मशीन

89] निम्नलिखित में से कौन सी ड्रिलिंग मशीन का उपयोग ड्रिलिंग छेद के लिए किया जाता है जहां बिजली उपलब्ध नहीं होती है?

ए] बेंच ड्रिलिंग मशीन

बी] स्तंभ ड्रिलिंग मशीन

सी] रीडायल ड्रिलिंग मशीन

<u>डी] शाफ़्टड्रिलिंगमशीन</u>

90] निम्नलिखित में से किस ड्रिलिंग मशीन का उपयोग भारी काम के लिए किया जाता है?

ए] बेंच ड्रिलिंग मशीन

बी] स्तंभ ड्रिलिंग मशीन

<u>सी] रेडियलड्रिलिंगमशीन</u>

डी] इलेक्ट्रिक हैंड ड्रिलिंग मशीन

91] ड्रिल चक को मशीन स्पिंडल पर किस माध्यम से रखा जाता है?

<u>ए] आर्बर</u>

बी] बहाव

सी] ड्रा-इन बार

डी] चक अखरोट

92] एक संवेदनशील बेंच ड्रिलिंग मशीन में विभिन्न गतियां प्राप्त की जाती हैं ----

<u>ए] बेल्टचरखीतंत्र</u>

बी] हाइड्रोलिक तंत्र

सी] रैक और पिनियन तंत्र

डी] कैम और अनुयायी तंत्र

93] आवश्यक गुण प्राप्त करने के लिए स्टील की संरचना को बदलने के लिए हीटिंग और कूलिंग की प्रक्रिया को कहा जाता है

ए] हार्डनिंग

<u>बी] सामान्यीकरण</u>

सी] गर्मी उपचार

डी] तड़के

94] एनीलिंग का मुख्य उद्देश्य है

ए] कठोरता बढ़ाएं

बी] बेरहमी बढ़ाएँ

<u>सी] मशीनेबिलिटीमेंसुधार</u>

डी] विरूपण में सुधार

95] स्टील को सामान्य बनाने का उद्देश्य ----------- है

<u>ए] प्रेरिततनावकोदूरकरें</u>

बी] जीन में सुधार और भंगुरता को कम करें

सी] धातु को नरम करें

डी] सतह बढ़ाएँ?

96] बाहरी 5” एनीलिंग . को सख्त करने के लिए निम्नलिखित में से किस प्रक्रिया का उपयोग किया जाता है?

ए] हार्डनिंग

बी] तड़के

<u>सी] केसहार्डनिंग</u>

डी] आंसू सतह

97] कठोर और डक्ट IIe कोर और हार्ड के साथ एक घटक के उत्पादन के उद्देश्य के रूप में जाना जाता है ......

ए] हार्डनिंग

<u>बी] केससख्त</u>

सी] तड़के

डी] एनीलिंग

98] सख्त होने पर उच्च कार्बन स्टील का कम महत्वपूर्ण तापमान ---------- होता है

ए] 9600C

बी] 900 डिग्री सेल्सियस

<u>सी] 7230 सी</u>

डी] 56O सी

99] संरचना को बदलने की प्रक्रिया और इस प्रकार हीटिंग और ‘कूलिंग’ द्वारा गुणों को बदलने के रूप में जाना जाता है

<u>ए] हीटट्रीटमेंट</u>

बी] मिश्र धातु

सी] तड़के

डी] इनमें से कोई नहीं

100] अनाज की संरचना को परिष्कृत करने के लिए निम्नलिखित में से कौन सी ऊष्मा उपचार प्रक्रिया को अपनाया जाता है।

ए] एनीलिंग

बी] हार्डनिंग

सी] तड़के

<u>डी] सामान्यीकरण</u>

101] एनीलिंग लोहे और स्टील पर की जाती है ----------

ए] आंतरिक तनाव को दूर करने के लिए

बी] कठोरता को कम करने के लिए

सी] मशीनेबिलिटी में सुधार करने के लिए

डी] येसभी

102] निम्नलिखित में से कौन-सा एक ऊष्मा उपचार के चरणों में नहीं आता है?

ए] ताप

बी] सफाई

सी] शमन

डी] भिगोना

20] धातु 02

103] गन मेटल तांबे की मिश्रधातु है, ------------

ए] टिनऔरजस्ता

बी] सीसा और जस्ता

सी] जिंक और निकल

डी] सीसा और निकल

104] गटर बनाने के लिए, रूफ फ्लैशिंग, हुड आदि के लिए।

ए] जस्ती लोहा

बी] स्टेनलेस स्टील

सी] कॉपर शीट

डी] धातु की चादरें

105] डेयरियों में। खाद्य प्रसंस्करण, रसोई के बर्तन आदि

ए] जस्ती लोहा

बी] स्टेनलेस स्टील

सी] कॉपर शीट

डी] धातु की चादरें

106] बाल्टी, हीटिंग नलिकाएं, अलमारियाँ आदि बनाने के लिए।

ए] जस्ती लोहा

बी] स्टेनलेस स्टील

सी] कॉपर शीट

डी] धातु की चादरें

107] एक शीट में कई छेदों को छिद्रण के रूप में जाना जाता है?

ए) छिद्रण

बी) बिदाई

सी) नॉचिंग

घ) लांसिंग

108] शीट को दो या दो से अधिक टुकड़ों में काटने को क्या कहा जाता है?

ए) छिद्रण

बी) <u>बिदाई</u>

सी) नॉचिंग

घ) लांसिंग

109] शियरिंग ऑपरेशन में किनारों से टुकड़ों को हटाना कहलाता है?

ए) छिद्रण

बी) बिदाई

सी) <u>नॉचिंग</u>

घ) लांसिंग

110] बिना किसी सामग्री को हटाए टैब छोड़ना कहलाता है?

ए) छिद्रण

बी) बिदाई

सी) नॉचिंग

घ) <u>लांसिंग</u>

111] एक छोटे से सीधे पंच को तेजी से ऊपर और नीचे एक पासे में ले जाना एक प्रक्रिया द्वारा किया जाता है जिसे कहा जाता है?

ए) छिद्रण

बी) बिदाई

सी) <u>निबलिंग</u>

घ) लांसिंग

112] जैसे-जैसे शीट की मोटाई बढ़ेगी, वैसे-वैसे निकासी की भी आवश्यकता होगी?

ए) <u>वृद्धि</u>

बी) कमी

ग) कोई प्रभाव नहीं

d) पहले घटो फिर बढ़ो

113] बेवेलिंग किसकी कतरनी के लिए विशेष रूप से उपयुक्त है?

ए) पतला रिक्त स्थान

बी) <u>मोटीरिक्तियां</u>

ग) बहुत पतले रिक्त स्थान

d) उल्लेखित में से कोई नहीं

114] निम्नलिखित में से कौन सा डाई का एक प्रकार है?

ए) सरल मर जाता है

बी) प्रगतिशील मर जाता है

सी) कंपाउंड डाई

d) <u>सभीउल्लेखित</u>

115] निम्नलिखित में से कौन सा डाई ब्लैंकिंग, पंचिंग, नॉचिंग आदि जैसे कई ऑपरेशन कर सकता है?

ए) सरल मर जाता है

बी) प्रगतिशीलमरजाताहै

सी) कंपाउंड डाई

d) उल्लेखित में से कोई नहीं

116] जैसे-जैसे निकासी बढ़ती है, पंच बल की आवश्यकता होती है?

क) घटताहै

बी) बढ़ता है

सी) वही रहता है

d) पहले बढ़ता है फिर घटता है

117] फोर्जिंग HSS के लिए अधिकतम तापमान -------------डिग्री है।

ए] 1200

बी] 100

सी] 1100

डी] 1500

118] एनीलिंग का मुख्य उद्देश्य ----------- है।

ए] मशीनेबिलिटीमेंसुधारकरनेकेलिए

बी] चुंबकत्व में सुधार करने के लिए

सी] कठोरता बढ़ाने के लिए

डी] कठोरता बढ़ाने के लिए

119] HSS टूल में कार्बन प्रतिशत होता है------

ए] 0.75 से 1.00%

बी] 1.00 से 2.00 00

सी] 0.60 से 0.75%

डी] 0.02 से 0.03%।

120] निम्न में से कौन-सा एक धातु का लोचदार विरूपण के लिए प्रतिरोध है?

ए] लचीलापन।

बी] ताकत

सी] कठोरता

डी] कठोरता

121] कैनरी और रासायनिक संयंत्रों में धातु की चादरें

ए] जस्ती लोहा

बी] स्टेनलेस स्टील

सी] कॉपर शीट

डी] धातु की चादरें

1 22] मिश्र धातु इस्पात, अच्छा संक्षारक प्रतिरोध और आसानी से वेल्ड

ए] काला लोहा

बी] जस्ती लोहा

सी] <u>स्टेनलेस स्टील</u>

डी] एल्यूमिनियम

123] सबसे सस्ता, किसी भी वांछित मोटाई में लुढ़काया जा सकता है

ए] <u>काला लोहा</u>

बी] जस्ती लोहा

सी] स्टेनलेस स्टील

डी] एल्यूमिनियम

124] जंग के खिलाफ चमकदार चांदी की उपस्थिति का प्रतिरोध करता है

ए] काला लोहा

बी] <u>जस्ती लोहा</u>

सी] स्टेनलेस स्टील

डी] एल्यूमिनियम

125] तेजी से खराब होता है। नीला काला दिखना

ए] <u>काला लोहा</u>

बी] जस्ती लोहा

सी] स्टेनलेस स्टील

डी] एल्यूमिनियम

126] स्टड के व्यास के आधे के बराबर एक अंधा छेद ड्रिल करें। इस उपकरण को छेद में डालें और इसे वामावर्त घुमाकर स्टड को हटा दें।

ए] चुभन पंच विधि

बी] फाइलिंग स्क्वायर बहुत मिमी

सी] <u>स्क्वायर टेपर पंच का उपयोग करना</u>

डी] ईज़ी-आउट विधि

127] अगर स्टड सतह के पास टूटा हुआ है, तो स्टड को हटाने के लिए इस विधि को अपनाएं।

ए] <u>चुभन पंच विधि</u>

बी] फाइलिंग स्क्वायर बहुत मिमी

सी] स्क्वायर टेपर पंच का उपयोग करना

डी] ईज़ी-आउट विधि

128] जब एक स्टड सतह से थोड़ा ऊपर टूट जाता है तो स्टड को हटाने के लिए इस विधि का उपयोग किया जाता है।

ए] फाइलिंग स्क्वायर बहुत मिमी

बी] स्क्वायर टेपर पंच का उपयोग करना

सी] ईज़ी-आउट विधि

डी] <u>ड्रिल होल बनाना</u>

129] टूटे हुए स्टड को निकालने के लिए इस विधि में एक विशेष उपकरण लगाया जाता है।

ए] चुभन पंच विधि

बी] फाइलिंग स्क्वायर बहुत मिमी

सी] स्क्वायर टेपर पंच का उपयोग करना

डी] <u>ईज़ी-आउट विधि</u>

130] उभरे हुए स्टड को चौकोर आकार में फाइल करें और हटा दें।

ए] चुभन पंच विधि

बी] <u>फाइलिंग स्क्वायर बहुत मिमी</u>

सी] स्क्वायर टेपर पंच का उपयोग करना

डी] ईज़ी-आउट विधि

131] अमोनियम क्लोराइड का उपयोग टांका लगाने के लिए फ्लक्स के रूप में किया जाता है...

ए] <u>स्टील</u>

बी] एल्यूमीनियम

सी] जस्ती लोहा

डी] स्टेनलेस स्टील

132] एमएस शीट की सोल्डरिंग किस तापमान पर होती है...

ए] 150◦सी

बी] <u>250◦सी</u>

सी] 400◦सी

डी] 850◦सी

133.] सोल्डरिंग ऑपरेशन में बेस मेटल है...

ए.] <u>गरमनहीं</u>

बी।] 200◦C . तक गरम किया गया

सी।] 650◦C . तक गरम किया गया

डी.] गर्म से लाल गर्म स्थिति

134] चादरों को मोटी प्लेटों में मिलाने के लिए रिवेट्स।

ए] काउंटरसंक हेड
बी] फ्लैट सिर
सी] पैन हेड
डी] मशरूम
135] शीट मेटल में शामिल होने के लिए रिवेट्स।
ए] काउंटरसंक हेड
बी] फ्लैट सिर
सी] पैन हेड
डी] मशरूम
136] भारी निर्माण कार्य के लिए रिवेट्स।
ए] काउंटरसंक हेड
बी] फ्लैट सिर
सी] पैन हेड
डी] मशरूम
137] रिवेट्स फॉर रिड्यूस रिड्यूस हेड ऑफ़ रिवेट हेड ऑफ़ मेटा\ सरफेस
ए] काउंटरसंक हेड
बी] फ्लैट सिर
सी] पैन हेड
डी] मशरूम
138] आमतौर पर संरचनात्मक कार्यों के लिए उपयोग किए जाने वाले रिवेट्स।
ए] काउंटरसंक हेड
बी] फ्लैट सिर
सी] पैन हेड
डी] स्नैप हेड
139] 10 मिमी एमएस प्लेट काटने वाली गैस के लिए एसिटिलीन गैस का दबाव है...
ए.] 0.15 किग्रा/सेमी2
बी.] 0.5 किग्रा/सेमी2
सी.] 1.0 किग्रा/सेमी2
डी.] 1.5 किग्रा/सेमी2
140] 10 मिमी मोटी माइल्ड स्टील काटने के लिए आप किस आकार के कटिंग नोजल का चयन करेंगे?
ए.] 0.8 मिमी
बी.] 1.2 मिमी
सी.] 1.6 मिमी

डी.] 2.0 मिमी

141] दायीं ओर वेल्डिंग तकनीक के मामले में फिलर रॉड का कोण है...

ए.] 10 से 20◦

बी.] 20 से 30◦

सी.] <u>30 से 40◦</u>

डी.] 40 से 50◦

142] गैस वेल्डिंग की उच्च दबाव प्रणाली के लाभों में से एक है...

ए.] यह सस्ता है

बी।] <u>यहपोर्टेबलहै</u>

सी.] यह कम खतरनाक है

D.] इसके लिए किसी कुशल वेल्डर की आवश्यकता नहीं होती है

143] गैस नियामक का कार्य है...

ए.] विभिन्न प्रकार की लपटें प्राप्त करें

बी.] गैसों को आवश्यक अनुपात में मिलाएं

सी.] ब्लो पाइप में बहने वाली गैस की मात्रा को बदलें

डी।] <u>कामकादबावसेटकरें</u>

gas welding

Oxy Acetylene Welding

144] गैस द्वारा एक लैप पट्टिका जोड़ को ऊर्ध्वाधर स्थिति में वेल्ड करने के लिए वेल्ड की रेखा के नीचे पाइप का कोण क्या होना चाहिए?

ए.] 30◦ से 40◦

बी.] 45◦ से 50◦

सी.] 60◦ से 70◦

डी.] <u>75◦ से 80◦</u>

145] विस्फोटों से बचने के लिए एसिटिलीन गैस को पारित करने के लिए किस धातु के पाइप का उपयोग नहीं किया जाना चाहिए?

ए।] जस्ती लोहा

बी।] स्टेनलेस स्टील

सी।] हल्के स्टील

डी.] <u>सहयोग</u>

146] एसिटिलीन गैस में कार्बन का प्रतिशत है...

ए.] 99%

बी.] <u>92.3%</u>

सी.] 89.1%

डी.] 85.3%

147] एसिटिलीन गैस में होता है

ए.] कैल्शियम, कार्बन और हाइड्रोजन

बी.] कैल्शियम और हाइड्रोजन

सी।] कैल्शियम, कार्बन, हाइड्रोजन और ऑक्सीजन

डी.] कार्बनऔरहाइड्रोजन

148] एक एसिटिलीन शोधक में सल्फरेटेड और फॉस्फोरेटेड हाइड्रोजन को किसके द्वारा हटा दिया जाता है...

ए.] झांवा

बी।] पानी

सी।] फ़िल्टर ऊन

डी.] शुद्धकरनेवालेरसायन

149] गैस वेल्डिंग में फ्लक्स का एक कार्य है...

ए.] धातुआक्साइडभंग

बी।] मानसिक के गलनांक को कम करें

सी.] लौ का तापमान बढ़ाएं

डी.] जड़ पैठ बढ़ाएँ

150] निम्नलिखित में से किस कारक पर गैस वेल्डिंग के लिए फ्लक्स का चुनाव निर्भर करता है?

ए.] शामिलहोनेवालीसामग्रीकाप्रकार

बी।] किनारे के प्रवेश का प्रकार

सी.] ईंधन गैस का प्रकार

डी.] इस्तेमाल की जाने वाली लौ का प्रकार

151] एक 300 मिमी लंबे तांबे के बट संयुक्त गैस वेल्डिंग के लिए आवश्यक विचलन भत्ता है...

ए.] 1 से 2 मिमी

बी.] 2 से 3 मिमी

सी.] 3 से 4 मिमी

डी.] 4 से 5 मिमी

152] 4 मिमी मोटे तांबे के बट के जोड़ में गैस वेल्डिंग के लिए की जाने वाली बढ़त का प्रकार है...

ए.] सिंगल बेवेल

बी.] सिंगलवी

सी।] डबल वी

डी.] वर्ग

153] गैस वेल्ड के लिए प्रयुक्त नोजल का आकार 3.15 मिमी मोटा एल्यूमीनियम बट जोड़ है...

ए.] 13

बी.] 10

सी.] 7

डी.] 5

154] एल्युमिनियम की गैस वेल्डिंग के लिए प्रीहीटिंग तापमान का मान क्या है?

ए.] 100 से 120◦C

बी.] 150 से 180◦C

सी.] 180 से 200◦C

डी.] 210 से 250◦C

155] एक पाइप टी जोड़ के लीक प्रूफ जोड़ों को बनाने और खत्म करने के लिए इस्तेमाल किए जाने वाले उपकरण का नाम बताएं

ए.] ग्रूवर

बी।] हथौड़ा स्थापित करना

सी।] क्रीजिंग हैमर

डी.] राउंड बॉटम स्टेक

156] सिंगल वी के वी ग्रूव का कोण लेकिन कच्चा लोहा वेल्डिंग के लिए जोड़ है...

ए.] 60◦

बी.] 70◦

सी.] 80◦

डी.] 90◦

157] परिरक्षित धातु चाप वेल्डिंग की प्रक्रिया के तहत वर्गीकृत किया गया है...

ए।] विद्युत प्रतिरोध वेल्डिंग

बी.] विशेष वेल्डिंग

सी.] इलेक्ट्रिकआर्कवेल्डिंग

डी.] इलेक्ट्रो गैस वेल्डिंग

158] इलेक्ट्रोड धारक का आकार कैसे निर्दिष्ट करें?

ए।] इसके वजन से

बी।] इसके आकार से

सी।] इसकीवर्तमानवहनक्षमताद्वारा

D.] इसे बनाने के लिए प्रयुक्त धातु द्वारा

159] एक 3.15 मिमी मध्यम लेपित हल्के स्टील इलेक्ट्रोड के लिए वर्तमान सेट है...

ए.] 50 से 80 एम्पीयर

बी ।] 90 से 120 amp

सी.] 120 से 150 एम्पीयर

डी.] 150 से 170 एम्पीयर

160] एक लंबे चाप का प्रयोग किया जाता है...

ए।] कम हाइड्रोजन इलेक्ट्रोड के साथ वेल्डिंग

बी.] क्षैतिज स्थिति

सी.] प्लगयास्लॉटवेल्डिंग

डी.] कच्चा लोहा वेल्डिंग

161] यदि इलेक्ट्रोड की यात्रा की गति अधिक है, तो टी पट्टिका जोड़ पर आपको किस प्रकार का वेल्ड दोष मिलेगा?

ए.] ओवरलैप

बी.] लावा शामिल करना

सी.] अत्यधिक सुदृढीकरण

डी.] जड़प्रवेशकीकमी

162] कवरिंग/फाइनल रन में इलेक्ट्रोड की अनुचित बुनाई के कारण लैप फिलेट जोड़ पर कौन सा वेल्ड दोष होता है?

एक दरार

बी।] अंडरकट

सी.] संलयन की कमी

D.] प्लेटकाकिनारापिघलगया

163] ऑक्सी-आर्क काटने की प्रक्रिया में निम्नलिखित में से किसका उपयोग किया जाता है?

ए.] फ्लक्स लेपित ठोस इलेक्ट्रोड

बी।] नंगे तार ट्यूबलर इलेक्ट्रोड

सी.] फ्लक्सलेपितट्यूबलरइलेक्ट्रोड

डी.] नंगे टंगस्टन चाप काटने इलेक्ट्रोड

164] कार्बन आर्क काटने के उपकरण में इलेक्ट्रोड धारक का बना होता है...

ए।] सादा कार्बन स्टील

बी।] जस्ती लोहा

सी।] एल्यूमीनियम

डी.] तांबा

165] मशीन पर टेंपर शैंक ड्रिल किसके माध्यम से आयोजित की जाती है...

ए. चक्स

बीआस्तीन

सी बहाव

डी वाइस

166] ड्रिल चक ड्रिलिंग मशीन स्पिंडल पर एक के माध्यम से लगाए जाते हैं ...

ए.] घुमावदार अंगूठी

बी.] आर्बोर

सी.] बहाव

डी.] पिनियन और की

167] अभ्यास पर प्रदान किया गया मोर्स टेपर के बीच...

ए.] मीट्रिकटन 1 सेमीट्रिकटन 5

बी.] मीट्रिक टन 1 से मीट्रिक टन 4

सी.] मीट्रिक टन 0 से मीट्रिक टन 5

डी.] मीट्रिक टन 0 से मीट्रिक टन 4

168] एक बहाव के लिए प्रयोग किया जाता है...

ए.] एक ड्रिल स्थान बनाना

बी।] मशीन स्पिंडल पर चक फिक्सिंग

सी.] टूटी हुई ड्रिल को काम से हटाना

डी.] मशीनस्पिंडलसेड्रिलकोहटाना

169] जब ड्रिल का टेंपर शैंक मशीन स्पिंडल से बड़ा होता है, तो ड्रिल को होल्ड करने का उपकरण एक...

ए.] ड्रिल आस्तीन

बी।] टेपरसॉकेट

सी.] ड्रिल बहाव

डी.] चक और कुंजी

170] सॉकेट स्क्रू हेड को समायोजित करने के लिए छेद के सिरे को बड़ा करने की प्रक्रिया है...

ए.] रीमिंग

बी.] स्पॉट फेसिंग

सी.] काउंटरबोरिंग

डी.] काउंटर सिंकिंग

171] स्पॉट फेसिंग ऑपरेशन के लिए इस्तेमाल किया जाने वाला उपयुक्त उपकरण है...

ए.] रीमर

बी.] काउंटर सिंक

सी.] फ्लाईकटर

डी.] खराद उपकरण

172] सेंटर ड्रिलिंग किसका ऑपरेशन है...

ए.] ड्रिलिंगऔरकाउंटरसिंकिंग

बी.] ड्रिलिंग और काउंटर बोरिंग

सी.] ड्रिलिंग से पहले केंद्र के स्थान को चिह्नित करना

D.] छेद के व्यास को बढ़ाना

173] एक छोटा रिएमर जिसमें एक आर्बर या मैंड्रेल के साथ प्रयोग किया जाता है, एक अक्षीय छिद्र होता है ---------- कहलाता है

ए] समानांतर रीमर

बी] एडजस्टेबल रीमर

C] एक्सपेंशन रीमर

डी] चकिंगरीमर

reamer 1 Reamers

बांट

174] निम्नलिखित में से किस मशीन रीमर का उपयोग रीमर एक्सिस और वर्क एक्सिस के बीच मिसलिग्न्मेंट को ठीक करने के लिए किया जाता है?

ए] फ्लोटिंगब्लेडरीमर

बी] मशीन जिग रीमर।

सी] शैल रीमर

डी] चकिंग रीमर

175] टैप को पीसकर फिर से तेज किया जाता है -----

ए] हट्स

बी] धागे

सी] व्यास

डी] राहत

176] 50 मीट्रिक मोटे धागे को M12 x 125 के रूप में नामित किया गया है '12' क्या दर्शाता है?

ए] प्रमुखव्यास

बी] रूट व्यास

सी] पिच व्यास

डी] खाली व्यास

177] 3 अक्षांश मिमी पिच 120 . पर 3 मिमी पिच काटने के लिए आवश्यक परिवर्तन गियर खोजें

ए] चालक / प्रेरित = .455/120

बी] चालक / प्रेरित = 60/120

सी] चालक / प्रेरित = 80/120

डी] चालक / चालित 2 40/80 of 5 मिमी

178] एक खराद havmg लीड स्क्रू पिच पर 1 5 मिमी पिच काटने के लिए आवश्यक गियर की गणना करें

ए] चालक / प्रेरित -_20/100

बी] चालक / प्रेरित = 30/100

सी] चालक / प्रेरित = 40/120

डी] चालक / प्रेरित = 60/120

179] आसन्न धागे के दोनों किनारों को मिलाने वाली शीर्ष सतह को कहा जाता है

ए] क्रेस्ट

बी] रूट

सी] फ्लैंक

D] थ्रेड एंगल है

thread2 screw threads

धागा

180] आईएसओ मीट्रिक थ्रेड का सम्मिलित कोण है --------

ए] 27 1/2°

बी] 30 डिग्री

सी] 55 डिग्री

डी] 60 डिग्री

181] निम्नलिखित में से किस स्क्रू थ्रेड फॉर्म में धागों के किनारों के बीच 55° का सम्मिलित कोण होता है?

एं] बीएथ्रेड

बी] एक्मे धागा

सी] बट्रेस धागे

डी] अंगुली धागा

182] निम्नलिखित में से किसका उपयोग केवल धागे के सही रूप को खत्म करने और बनाए रखने के लिए किया जाता है?

नल

बी] थ्रेडिंग टूल

सी] थ्रेडिंग चेज़र

डी] इत्तला दे दी उपकरण

183] कोण 0f lS धागा (V आकार का) ---------- है

ए] 29 डिग्री

बी] 47 1/4°

सी] 50 डिग्री

डी] 60

184] निम्नलिखित में से किस विधि से केवल बाहरी धागे बनाए जाते हैं -------

ए] फॉर्म टूल mEthOd

बी] यौगिक आराम विधि

सी] टेलस्टॉकऑफसेटविधि

डी] टेपर टर्निंग अटैचमेंट विधि।

185] शिखा और धागे की जड़ को मिलाने वाली सतह को ---- के रूप में जाना जाता है

ए] फ्लैंक

बी] शंकु

सी] पिच सतह

डी] ये सभी

186] एक दो प्रारंभ धागे की पिच 4 मिमी है। फिर धागे का नेतृत्व ----- द्वारा दिया जाता है

ए] 4 मिमी

बी] 2 मिमी

सी] 8 मिमी

डी] 6 मिमी

187] सिंगल पॉइंट कटिंग टूल का उपयोग करके लेड स्क्रू पिच वाले खराद पर 2.5 मिमी के स्क्रू थ्रेड को काटने के लिए आवश्यक गियर अनुपात है ----

ए] 1:2

बी] 2:1

सी] 1:1 मिमी

188] एक डाई जिसमें एक स्ट्रोक में एक से अधिक कटिंग ऑपरेशन बनते हैं

ए] पियर्सिंग डाई

बी] प्रोग्रेसिव डाई

C] कॉम्बिनेशन डाई

डी] कंपाउंड डाई

189] एक डाई जिसमें प्रति स्ट्रोक कटिंग और नॉन कटिंग ऑपरेशन किए जाते हैं।

ए] पियर्सिंग डाई

बी] प्रोग्रेसिव डाई

C] कॉम्बिनेशन डाई

डी] कंपाउंड डाई

tap and die1 Tap Die

मरो टैप करें

190] एक डाई जिसमें दो या दो से अधिक स्टेशनों पर दो या दो से अधिक अनुक्रमिक संचालन काम पर किए जाते हैं।

ए] पियर्सिंग डाई

बी] प्रोग्रेसिव डाई

C] कॉम्बिनेशन डाई

डी] कंपाउंड डाई

191] एक डाई जिसमें पंच और डाई का आकार सीधे धातु में कम या बिना धातु प्रवाह के पुन: उत्पन्न होता है।

ए] प्रोग्रेसिव डाई

बी] संयोजन मरो

C] कंपाउंड डाई

डी] <u>मरने का गठन</u>

192] किसी भी आकार के छेद बनाने के लिए इस्तेमाल की जाने वाली डाई।

ए] <u>पियर्सिंग डाई</u>

बी] प्रोग्रेसिव डाई

C] कॉम्बिनेशन डाई

डी] कंपाउंड डाई

193] अपघर्षक .... में वर्गीकरण हैं।

<u>ए] दोप्रकार</u>

बी] तीन प्रकार

ग] एक प्रकार

डी] चार प्रकार

194] घर्षण से बने ग्राइंडिंग व्हील्स अपने फ्री और कूल कटिंग एक्शन के कारण सबसे आम हैं।

<u>ए] एल्यूमिनियमऑक्साइड</u>

बी] सिलिकॉन ऑक्साइड

सी] अमोनियम ऑक्साइड

डी] कार्बाइड।

195] निम्नलिखित में से किस अपघर्षक का उपयोग ज्यादातर गैर-धातु सामग्री को काटने के लिए पहियों को काटने के लिए किया जाता है?

ए] एल्यूमिनियम ऑक्साइड

<u>बी] सिलिकॉनकार्बाइड</u>

सी] हीरा

डी] उपरोक्त में से कोई नहीं

196] टंगस्टन कार्बाइड उपकरण डालने को पीसने के लिए किस अपघर्षक कण का उपयोग किया जाता है?

<u>ए] सिलिकॉनकार्बाइड</u>

बी] ए|203

सी] हीरा

डी] कोरन्डम

197] निम्नलिखित में से कौन सा प्राकृतिक अपघर्षक है?

ए] एल्यूमिनियम ऑक्साइड

बी] सिलिकॉन

सी] बोरॉन कार्बाइड

<u>डी] कोरन्डम</u>

198] निम्नलिखित में से कौन सा निर्मित अपघर्षक है?

ए] कोरन्डम।

बी] क्वार्ट्ज

<u>सी] सिलिकॉन</u>

डी] एमरी

199] स्टील फिटिंग को पीसने के लिए किस अपघर्षक कण का उपयोग किया जाता है?

ए] सिलिकॉन कार्बाइड

<u>बी] एल्यूमिनियमऑक्साइड</u>

सी] हीरा।

डी] बोरॉन ऑक्साइड

200] कंक्रीट के पत्थर और चिनाई को काटने के लिए किस तरह के अपघर्षक कट ऑफ व्हील का उपयोग किया जाना चाहिए?

ए] सिलिकॉन

बी] अल 203

<u>सी] डायमंडग्रिट</u>

डी] ग्लास

201] एल्युमिनियम ऑक्साइड व्हील पीसने के लिए प्रयोग किया जाता है ------------

ए] कच्चा लोहा

बी] सीमेंटेड कार्बाइड।

<u>सी] एचएसएस '</u>

डी] सिरेमिक

202] इत्तला दे दी गई औज़ार की ऑफहैंड ग्राइंडिंग के लिए उपयुक्त हीरे के पहिये का बंधन ....

ए] रेजिनोइड

बी] विट्रिफाइड

सी] शैलैक

<u>डी] धातु</u>

Grinding wheels 1 bench grinder-wheel

पीसने का चक्का

203] निम्नलिखित में से कौन सा बांड आमतौर पर प्रयोग किया जाता है?

ए] विट्रिफाइडबॉन्ड '

बी] रबड़ बंधन

सी] शैलैक बंधन

डी] सिलिकेट बंधन

204] रेजिनोइड .बॉन्ड के लिए पारंपरिक रूप से इस्तेमाल किया जाने वाला प्रतीक ~~~~~~~ . है

ए] वी

बी] आर एफ

सी] बी

डी] ई

205] ग्राइंडिंग प्रैक्टिस में "ग्रेड ऑफ व्हील" शब्द का अर्थ ------------ है।

ए] इस्तेमाल किए गए अपघर्षक की कठोरता

बी] पहियाकेबंधनकीताकत

सी] व्हील 0 एफ समाप्त करें

डी] काम के टुकड़ों की कठोरता

206] पहियों को काटने में किस बंधन का प्रयोग किया जाता है?

एक रबर

बी] विट्रिफाइड

सी] रेसिरजॉइड

डी] शैलैक

207] ग्राइंडिंग व्हील की कठोरता __________ द्वारा निर्धारित की जाती है

ए] प्रतिरोधकिया।तनावपीसनेकेखिलाफबंधनद्वारा

बी] घर्षण अनाज की कठोरता

सी] बंधन की कठोरता

डी] प्रवेश करने की क्षमता

208] जब ग्राइंडिंग व्हील को बहुत तेज गति से सुरक्षित रूप से चलाने की आवश्यकता होती है, तो किस बंधन का उपयोग किया जाना चाहिए? "

ए] विट्रिफाइड

बी] शैलैक

सी] सिलिकेट

डी] रेजिनॉयड' औररबर

209] सतह पीसने में सामान्य प्रयोजन सतह पीसने के लिए पीसने वाले पहिये के अनाज के आकार की उपयुक्त सीमा क्या है?

ए] 20 से 36

बी] 46 से 60

सी] 80 से 120

डी] 150 से 300

210] भारतीय मानक के अनुसार, अनाज '46'। "w" के समूह के अंतर्गत आता है। -----

ए] मोटे

बी] मध्यम

सी] ठीक

डी] बहुत बढ़िया

211] ग्राइंडिंग व्हील में प्रयुक्त अपघर्षक का ग्रिट आकार आमतौर पर ---------- द्वारा निर्दिष्ट किया जाता है

ए] कठोरता संख्या

बी] पहिया का आकार

सी] घर्षण की कोमलता या कठोरता

डी] मेषसंख्या

212] बेंच ग्राइंडर का उपयोग .... के लिए किया जाता है।

ए] हैवी ड्यूटी वर्क

बी] भारी और हल्का कर्तव्य कार्य

सी] लाइटड्यूटीवर्क

डी] झाग का काम

213] बेंच ग्राइंडर एक .... पर लगे होते हैं।

ए] बेस

बी] टेबल।

सी] व्हील गार्ड

डी] कन्वेयर

225] बड़े पैमाने पर उत्पादन में इंटरचेंज क्षमता हासिल करने के लिए निम्नलिखित में से कौन सा महत्वपूर्ण कारक आवश्यक है? .

ए] ज्यामितीय सटीकता।

बी] मानकीकरण

<u>सी] आयामीसटीकता</u>

डी] सतह खत्म

226] इंटरचेंज क्षमता सामान्य रूप से किसके लिए लागू होती है? _

ए] भागों की मरम्मत

<u>बी] बड़ेपैमानेपरउत्पादन</u>

सी] एकल टुकड़ा उत्पादन

डी] ये सभी

227] जब मूल आयाम के एक पक्ष में सहिष्णुता दी जाती है, तो उसे -------- कहते हैं

ए]। सहिष्णुता प्रणाली

<u>बी] एकतरफासहिष्णुता</u>

सी] द्विपक्षीय सहिष्णुता

डी] भत्ता प्रणाली

228] एक घटक के आयामों का मापा आकार जिसे -------- कहा जाता है

ए] मूल आकार

बी] नाममात्र का आकार

सी] अनुमत आकार

<u>डी] वास्तविकआकार</u>

229] ड्राइंग में शाफ्ट के आयाम 40i 0068/0042 दिखाए गए हैं, जो सहनशीलता के भीतर शाफ्ट का आकार है?

ए] 4.0.64 मिमी

बी] 40.042 मिमी

सी] 40,000 मिमी

<u>डी] 39.98 मिमी</u>

230] होल बेसिक सिस्टम में ----------

ए] शाफ्ट का आकार स्थिर बना दिया जाता है

<u>बी] छेदकाआकारस्थिरबनादियाजाताहै</u>

सी] केवल 'भत्ता छेद पर दिया जाता है'

डी] छेद और शाफ्ट पर अनुमेय सहिष्णुता दी गई है

231] एक घटक का आकार 24-0.1 के रूप में दिया गया है। -O.1 क्या दर्शाता है? _

ए] ऊपरी विचलन + 0.1 मिमी है।

बी] निचला विचलन 0.0 मिमी . है

सी] मौलिक विचलन 0.0 मिमी . है

<u>डी] निचलाविचलन _0.1 मिमी . है</u>

232] छेद की सहनशीलता ----- के बीच का अंतर है

ए] अधिकतम छेद आकार और अधिकतम शाफ्ट आकार

<u>बी] अधिकतमछेदआकारऔरअधिकतमछेदआकार:</u>

सी] न्यूनतम 'छेद आकार और अधिकतम शाफ्ट आकार'

डी] न्यूनतम छेद आकार और न्यूनतम शाफ्ट आकार

233] एक छिद्र जिसका निचला विचलन शून्य होता है, मूल छिद्र कहलाता है। निम्नलिखित में से कौन सा अक्षर मूल छिद्र को इंगित करता है?

ए] ई

बी] एफ

सी] जी '

<u>डी] हो</u>

234] किसका ऊपरी विचलन शून्य है?

<u>ए] बासकदस्ता</u>

बी] मूल छेद

सी] सहिष्णुता

डी] निकासी

235] शाफ्ट पर लगी बॉल बेयरिंग किस प्रकार की फिट है? ,

ए] क्लीयरेंस फिट

<u>बी] ड्राइविंगफिट</u>

सी] संकोचन फिट

डी] उपरोक्त में से कोई नहीं

236] सीमा और फिट की बीआईएस प्रणाली में, सहिष्णुता के ग्रेड को संख्या प्रतीकों द्वारा दर्शाया जाता है और ---------- i होते हैं।

ए] सहिष्णुता के 14 ग्रेड

बी] सहिष्णुता के 16 ग्रेड

<u>सी] सहिष्णुताके 18 ग्रेड '</u>

डी] सहिष्णुता के 20 ग्रेड

237] एक उत्पाद को गुणवत्ता वाला कहा जाता है जब ....

limit fit
tolerance

सीमा फिट सहिष्णुता

ए] इसका आकार और आयाम के भीतर हैं

बी] यहउपयोगकेलिएउपयुक्तहै

सी] यह बहुत अच्छा प्रतीत होता है

डी] सामग्री का चुनाव सही है

238] होल'30 +0.021, 0.000 और शाफ्ट 30 -0.110, 0.143 के बीच आवश्यक अधिकतम निकासी है।

ए] 0.110 मिमी '

बी]0.131 मिमी

सी] 0.164 मिमी

डी] 0.143 मिमी

239] एक ड्राइंग में एक आयाम 25 .1002 मिमी बताया गया है। सहनशीलता क्या है?

ए] +0.02 मिमी'

बी] +0.04 मिमी

सी] -0.02 मिमी

डी] 25.00 मिमी

240] एक छेद में एक पिन लगाया जाता है। पिन का टॉलरेंस ज़ोन पूरी तरह से होल के ऊपर होता है। प्राप्त फिट होगा?

ए] क्लीयरेंस फिट

बी] संक्रमण फिट

सी] हस्तक्षेपफिट

डी] रनिंग फिट

241] भाग के आकार को सहनशीलता दी जाती है............

<u>ए] आवश्यकअनुमेयआकारत्रुटिकेभीतरभागकाउत्पादन</u>

बी] उत्पादन बढ़ाएँ

सी] उत्पादन घटाएं

डी] घटकों को लगभग समाप्त करें

242] निम्नलिखित में से कौन सा क्लीयरेंस संपूर्ण बुनियादी प्रणाली के अंतर्गत फिट बैठता है?

ए] 20 एच7/पी6'

बी] 2067/211

सी] ज़ोग / जीएल।

<u>डी] 20एच/जी11.</u>

243] बीआईएस प्रणाली के अनुसार फिट के तीन वर्ग हैं ....

<u>ए] क्लीयरेंसफिट, इंटरफेरेंसफिटऔरट्रांज़िशनफिट</u>

बी] मध्यम फिट, पुश फिट और टाइट फिट

सी] फ्लैट फिट, गोल फिट और स्क्वायर फिट

डी] 'स्लाइडिंग फिट', लूज फिट और सिकुड़न फिट

244] निम्नलिखित सहिष्णुता विनिर्देशों में से किस एक का अधिकतम आयाम 20 मिमी से कम है?

ए] 20 +0.2,-0.3

बी] 20 320.2

<u>सी] 20 -0.2, 0.3 ई</u>

डी] एम 20 +500, ~ 03

245] अधिकतम और न्यूनतम सीमा के बीच अंतर है ------------------------

ए] एकल मुखबिर

बी] मूल शाफ्ट

सी] निकासी

<u>डी] सहिष्णुता</u>

246] झाड़ी में स्वतंत्र रूप से चलने वाला एक शाफ्ट 55 फिट के प्रकार का होता है

ए] क्लीयरेंस फिट

बी] ड्राइविंग प्लेट

<u>सी] संकोचनफिट</u>

डी] उपरोक्त में से कोई नहीं

256] ------------- COFFEC'E आयाम है जब माइक्रोमीटर 45.54 मिमी मापता है, यदि इसमें 0.02 मिमी की नकारात्मक त्रुटि है

ए] 45.58 मिमी

बी] 45 54 मिमी

सी] 45.56 मिमी

डी] 45.53 मिमी।

257] जब निहाई और धुरी के फलक एक-दूसरे को स्पर्श करते हैं यदि स्लीव स्केल का शून्य थिम्बल स्केल के शून्य से मेल खाता है, तो इसे ----------- कहा जाता है

ए] सकारात्मक त्रुटि

बी] नकारात्मक त्रुटि

सी] शून्य त्रुटि

डी] कोईत्रुटिनहीं

258] गहराई बार का उपयोग -------------- के मापन के लिए किया जाता है

ए] ऊंचाई।

बी] लंबाई

सी] गहराई

डी] इंच

259] डायल टेस्ट इंडिकेटर माप को इस प्रकार दिखाता है...

ए।] घटक का वास्तविक आकार

बी.] 5 मिमी . के दो चरणों के बीच का अंतर

सी।] एकसूचककेमाध्यमसेआकारमेंआवर्धितछोटेबदलाव

डी।] आयाम का सीधा पठन

260] वी-ब्लॉक और डायल इंडिकेटर विधि का उपयोग को मापने के लिए किया जाता है

ए] वर्कपीस ग्राउंड की लंबाई

बी] वर्कपीसकीसतहकीगोलाई

सी] सतह की समतलता

डी] धागे की पिच

261] डायल टेस्ट इंडिकेटर के बारे में निम्नलिखित में से कौन सा सही नहीं है?

ए] इसके डायल पर 100 डिवीजन हैं

बी] स्टेम की गति गियर ट्रेन के माध्यम से डायल में स्थानांतरित हो जाती है।

सी] इसकीसटीकता 0.1 मिमी . है

डी] गहराई नापने का यंत्र के संयोजन के साथ प्रयोग किया जाता है

317] थ्रेडिंग टूल को 60◦ कोण के लिए सटीकता के लिए a . का उपयोग करके जांचा जाता है

ए] थ्रेड प्लग गेज

बी] केंद्रगेज

सी] पेंच पिच गेज

डी] उपकरण कोण गेज

318] प्रति इंच थ्रेड्स की संख्या की जाँच a . से की जा सकती है

ए] टूल गेज

बी] गिनती द्वारा मीट्रिक नियम

सी] रिंग गेज

डी] पेंचपिचगेज

screw pitch gauge Screw Pitch Gauge

पेंचपिचगेज

शीटमेटलएमसीक्यू

366] एक आयताकार ट्रे को विकसित करने के लिए विकास की किस विधि का उपयोग किया जाता है?

ए] त्रिकोणीय विधि

बी] रेडियल लाइन विधि

सी] समानांतररेखाविधि

डी] परीक्षण और त्रुटि विधि

367] हाथ के स्तर के कतरनी के ऊपरी ब्लेड के चाकू काटने वाले किनारे की रूपरेखा क्या है?

ए] घुमावदार

बी] सीधे

सी] झुका हुआ

डी] बेवलड

368] शीट मेटल वर्क में ग्रोवर का उपयोग किस उद्देश्य के लिए किया जाता है?

ए] एक हेम बनाने के लिए

बी] खांचे बनाने के लिए

सी] तेजीकोबंदकरनेऔरबंदकरनेकेलिए

डी] ताकत के लिए फिर नौकरी के किनारे

369] शीट मेटल के किनारों को शार्प बेंड, फोल्डिंग बनाने के लिए किस प्रकार का दांव चुनना है?

ए] हैचेटहिस्सेदारी

बी] चोंच लोहे की हिस्सेदारी

सी] स्क्वायर एज हिस्सेदारी

डी] टिनमैन की निहाई हिस्सेदारी

370] अमोनियम क्लोराइड का उपयोग टांका लगाने के लिए फ्लक्स के रूप में किया जाता है...

ए] स्टील

बी] एल्यूमीनियम

सी] जस्ती लोहा

डी] स्टेनलेस स्टील

371] एक पाइप टी जोड़ के लीक प्रूफ जोड़ों को बनाने और खत्म करने के लिए उपयोग किए जाने वाले उपकरण का नाम बताएं

ए] ग्रोवर

बी] हथौड़ा स्थापित करना

सी] क्रीजिंग हैमर

डी] राउंड बॉटम स्टेक

372] निम्नलिखित में से कौन सी धातु एक्स-रे से गुजरने की अनुमति नहीं देगी?

ए] स्टेनलेस स्टील

बी] एल्यूमीनियम

सी] सीसा

डी] टिन

373] निबलिंग मशीन में कटिंग एज के ऊपर और नीचे कंपन की आवृत्ति होती है...

ए] 1000 से 1500 बार

बी] 1500 से 2500 बार

सी] 2800 से 3000 बार

डी] 3000 से 3500 बार

374] पाइप टी जोड़ के मुख्य पाइप के साथ शाखा पाइप की लंबवतता की जांच करने के लिए इस्तेमाल किए जाने वाले उपकरण का नाम दें

ए] चांदा

बी] स्क्वायरकाप्रयासकरें

सी] आत्मा स्तर

डी] सीधा किनारा

375]। जब एक ही हेम समकोण पर मिलता है तो किस प्रकार के पायदान का उपयोग किया जाता है?

ए] वी पायदान

बी] भट्ठा पायदान

सी] तिरछापायदान

डी] वर्ग पायदान

376] छोटे छिद्रों को काटने के लिए किस प्रकार की पंच और डाई प्रकार की मशीन का उपयोग किया जाता है?

ए] कतरनी प्रकार निबलर

बी] पंचप्रकारनिबलर

सी] परिपत्र काटने की मशीन

डी] गिलोटिन बाल काटना मशीन

377] ब्लो पाइप नोजल के अधिक गर्म होने से बचना चाहिए क्योंकि यह

ए] बैकफायरकाकारणबनताहै

बी] अधिक ऑक्सीजन और एसिटिलीन का उपभोग करें

सी] जोड़ में दोष के माध्यम से जलन पैदा करें

डी] जोड़ में अंडरकट दोष पैदा करना

378] नोज़ल का आकार बताएं जिसे आप 3.15 मिमी मोटी माइल्ड स्टील शीट वेल्ड करने के लिए चुनेंगे

ए] 3

बी.5

सी] 7

डी] 10

379] पीतल की वेल्डिंग के लिए लगाई जाने वाली लौ का प्रकार है...

ए] एयर एसिटिलीन लौ

बी] तटस्थ लौ

सी] ऑक्सीकरणलौ

डी] कार्बराइजिंग लौ

380] बायीं ओर तकनीक का उपयोग करके गैस वेल्डिंग के लिए अनुशंसित माइल्ड स्टील शीट की अधिकतम मोटाई कितनी है?

ए] 12 मिमी

बी] 10 मिमी

सी] 8 मिमी

डी] 5 मिमी

381]। एक पट्टिका वेल्ड की जड़ और पैर की अंगुली के बीच की दूरी को कहा जाता है ...

ए] रूट गैप

बी] <u>पैरकीलंबाई</u>

सी] सुदृढीकरण

डी] गले की मोटाई

382] उस वेल्ड दोष का नाम बताइए जो हल्के स्टील शीट के किनारे और सतह की अनुचित सफाई के कारण होता है

ए] जड़ प्रवेश की कमी

बी] के माध्यम से जला

सी] अंडरकट

डी] <u>सरंध्रता</u>

383] धातुओं का निम्नलिखित में से कौन सा यांत्रिक गुण खींचने वाले बलों का प्रतिरोध करता है?

ए] कठोरता

बी] लचीलापन

सी] कठोरता

डी] <u>तन्यशक्ति</u>

1. शक्ति का SI मात्रक है

(ए) हेनरी

(बी) कूलम्ब

(सी) <u>वाट</u>

(डी) वाट-घंटा

2. विद्युत दाब को भी कहते हैं

(ए) प्रतिरोध

(बी) शक्ति

(सी) <u>वोल्टेज</u>

(डी) ऊर्जा

3. वे पदार्थ जिनमें बड़ी संख्या में मुक्त इलेक्ट्रॉन होते हैं और कम प्रदान करते हैं प्रतिरोध कहा जाता है

(ए) इन्सुलेटर

(बी) प्रेरक

(सी) अर्ध-चालक

(डी) <u>कंडक्टर</u>

4. निम्नलिखित में से कौन खराब कंडक्टर नहीं है?
(ए) कच्चा लोहा
(बी) कॉपर
(सी) कार्बन
(डी) टंगस्टन
5. निम्नलिखित में से कौन एक इन्सुलेट सामग्री है?
(ए) कॉपर
(बी) सोना
(सी) चांदी
(डी) पेपर
6. किसी चालक का वह गुण जिसके कारण वह धारा प्रवाहित करता है, कहलाता है
(ए) प्रतिरोध
(बी) अनिच्छा
(सी) चालन
(डी) अधिष्ठापन
7. चालकता का पारस्परिक है
(ए) प्रतिरोध
(बी) अधिष्ठापन
(सी) अनिच्छा
(डी) समाई
8. किसी चालक का प्रतिरोध व्युत्क्रमानुपाती होता है:
(ए) लंबाई
(बी) क्रॉस-सेक्शनकाक्षेत्र
(सी) तापमान
(डी) प्रतिरोधकता
9. तापमान में वृद्धि के साथ शुद्ध धातुओं का प्रतिरोध
(ए) बढ़ताहै
(बी) घटता है
(सी) पहले बढ़ता है और फिर घटता है
(डी) स्थिर रहता है
10. तापमान में वृद्धि के साथ अर्धचालकों का प्रतिरोध
(ए) घटताहै
(बी) बढ़ता है
(सी) पहले बढ़ता है और फिर घटता है

(डी) स्थिर रहता है

11. 200 मीटर लंबे तांबे के तार का प्रतिरोध 21 है। यदि इसकी मोटाई (व्यास) 0.44 मिमी है, इसका विशिष्ट प्रतिरोध लगभग है

(ए) 1.2 x 10 ~ 8 क्यूएम

(बी) 1.4 x 10 ~ 8 क्यूएम

(सी) 1.6 x 10""8 क्यूएम

(डी) 1.8 x 10"8 क्यूएम

13. विद्युत धारा का पता लगाने वाले उपकरण को कहा जाता है

(ए) वाल्टमीटर

(बी) रिओस्तात

(सी) वाटमीटर

(डी) गैल्वेनोमीटर

14. एक परिपथ में एक 33 Q रोकनेवाला 2 A की धारा वहन करता है। प्रतिरोधक के आर-पार वोल्टेज है

(ए) 33 वी

(बी) 66 वी

(सी) 80 वी

(डी) 132 वी

15. एक प्रकाश बल्ब 300 mA खींचता है जब उसके आर-पार वोल्टेज 240 V होता है। प्रकाश बल्ब का प्रतिरोध होता है

(ए) 400 क्यू

(बी) 600 क्यू

(सी) 800 क्यू

(डी) 1000 क्यू

16. दो शाखाओं वाले समानांतर परिपथ का प्रतिरोध 12 ओम है। यदि एक शाखा का प्रतिरोध 18 ओम है, तो दूसरी शाखा का प्रतिरोध क्या है?

(ए) 18 क्यू

(बी) 36 क्यू

(सी) 48 क्यू

(डी) 64 क्यू

17. समान सामग्री के चार तार, समान अनुप्रस्थ काट का क्षेत्रफल और समान लंबाई के समानांतर में जुड़े होने पर 0.25 Q का प्रतिरोध देते हैं। यदि समान चार तारों को श्रृंखला में जोड़ा जाता है तो प्रभावी प्रतिरोध होगा

(ए) 1 क्यू

(बी) 2 क्यू

(सी) 3 क्यू

(डी) 4 क्यू

18. 16 एम्पियर की धारा दो शाखाओं के बीच क्रमशः 8 ओम और 12 ओम प्रतिरोधों के समानांतर विभाजित होती है। प्रत्येक शाखा में करंट है

(ए) 6.4 ए, 6.9 ए

(बी) 6.4 ए, 9.6 ए

(सी) 4.6 ए, 6.9 ए

(डी) 4.6 ए, 9.6 ए

19. तांबे के कंडक्टर के माध्यम से वर्तमान वेग है

(ए) विद्युत ऊर्जा के प्रसार वेग के समान

(बी) वर्तमान ताकत से स्वतंत्र

(सी) कुछ ^.s/m . केक्रमके

(डी) लगभग 3 x 108 मी/से

20. निम्नलिखित में से किस सामग्री में प्रतिरोध का लगभग शून्य तापमान गुणांक है?

(ए) मैंगनीन

(बी) चीनी मिट्टी के बरतन

(सी) कार्बन

(डी) कॉपर

21. आपको रेडियो में 1500 क्यू रेसिस्टर को बदलना होगा। आपके पास 1500 क्यू रोकनेवाला नहीं है, लेकिन कई 1000 क्यू हैं जिन्हें आप कनेक्ट करेंगे

(ए) समानांतर में दो

(बी) समानांतरमेंदोऔरश्रृंखलामेंएक

(सी) समानांतर में तीन

(डी) श्रृंखला में तीन

22. दो प्रतिरोधकों को श्रेणीक्रम में संयोजित कहा जाता है, जब

(ए) एकहीवर्तमानदोनोंकेमाध्यमसेबारी-बारीसेगुजरताहै

(बी) दोनों वर्तमान का एक ही मूल्य ले जाते हैं

(सी) कुल धारा शाखा धाराओं के योग के बराबर होती है

(डी) आईआर बूंदों का योग लागू ईएमएफ के बराबर होता है

23. निम्नलिखित में से कौन सा कथन एक श्रृंखला और एक समानांतर डीसी सर्किट दोनों के लिए सही है?

(ए) तत्वों में अलग-अलग धाराएं होती हैं

(बी) धाराएं योगात्मक हैं

(सी) वोल्टेज योजक हैं

(डी) <u>पावरएडिटिवहैं</u>

24. निम्नलिखित में से किस सामग्री में प्रतिरोध का नकारात्मक तापमान गुणांक है?

(ए) कॉपर

(बी) एल्यूमिनियम

(सी) <u>कार्बन</u>

(डी) पीतल

25. ओम का नियम लागू नहीं होता

(ए) <u>वैक्यूमट्यूब</u>

(बी) कार्बन प्रतिरोधी

(सी) उच्च वोल्टेज सर्किट

(डी) कम वर्तमान घनत्व वाले सर्किट

26. बिजली का सबसे अच्छा कंडक्टर कौन सा है?

(ए) लोहा

(बी) <u>चांदी</u>

(सी) कॉपर

(डी) कार्बन

27. निम्नलिखित में से किसके लिए 'एम्पीयर सेकेंड' इकाई हो सकती है?

(ए) अनिच्छा

(बी) <u>चार्ज</u>

(सी) पावर

(डी) ऊर्जा

28. निम्नलिखित में से सभी वाट के तुल्य हैं सिवाय

(ए) (एम्पीयर) ओम

(बी) जूल/सेकंड।

(सी) एम्पीयर एक्स वोल्ट

(डी) <u>एम्पीयर / वोल्ट</u>

29. 10 ओम, 10 W रेटिंग वाले प्रतिरोध के a . होने की संभावना है

(ए) धातु प्रतिरोधी

(बी) कार्बन प्रतिरोधी

(सी) <u>तारघावप्रतिरोधी</u>

(डी) परिवर्तनीय प्रतिरोधी

30. निम्नलिखित में से किसमें ऋणात्मक ताप गुणांक नहीं है ?

(ए) <u>एल्यूमिनियम</u>

(बी) पेपर
(सी) रबड़
(डी) मीका
31. Varistors हैं
(ए) इन्सुलेटर
(6) अरैखिकप्रतिरोधक
(सी) कार्बन प्रतिरोधी
(डी) शून्य तापमान गुणांक वाले प्रतिरोधी
32. इन्सुलेट सामग्री का कार्य है
(ए) तारों के संचालन के बीच शॉर्ट सर्किट को रोकना
(बी) वोल्टेजस्रोतऔरलोडकेबीचएकखुलेसर्किटकोरोकना
(सी) बहुत बड़ी धाराओं का संचालन
(डी) बहुत अधिक धाराओं का भंडारण
33. फ्यूज तार की रेटिंग हमेशा व्यक्त की जाती है
(ए) एम्पीयर-घंटे
(बी) एम्पीयर-वोल्ट
(सी) केडब्ल्यूएच
(डी) एम्पीयर
34. एक आयन पर न्यूनतम आवेश होता है
(ए) परमाणु की परमाणु संख्या के बराबर
(बी) एकइलेक्ट्रॉनकेप्रभारकेबराबर
(c) एक परमाणु में इलेक्ट्रॉनों की संख्या के आवेश के बराबर (#) शून्य
35. असमान प्रतिरोध वाले श्रेणी परिपथ में
(ए) उच्चतम प्रतिरोध में इसके माध्यम से सबसे अधिक धारा होती है
(बी) सबसे कम प्रतिरोध में उच्चतम वोल्टेज ड्रॉप होता है
(सी) सबसे कम प्रतिरोध में उच्चतम वर्तमान है
(डी) उच्चतमप्रतिरोधमेंउच्चतमवोल्टेजड्रॉपहोताहै
36. बिजली के बल्ब का फिलामेंट बना होता है
(ए) कार्बन
(बी) एल्यूमीनियम
(सी) टंगस्टन
(डी) निकल
37. एक 3 क्यू रोकनेवाला जिसमें 2 ए करंट होता है, की शक्ति को समाप्त कर देगा
(ए) 2 वाट

(बी) 4 वाट

(सी) 6 वाट

(डी) 8 वाट

38. निम्नलिखित में से कौन सा कथन सत्य है?

(ए) समानांतर में कम प्रतिरोध वाला गैल्वेनोमीटर एक वोल्टमीटर है

(बी) समानांतर में उच्च प्रतिरोध वाला गैल्वेनोमीटर एक वोल्टमीटर है

(सी) श्रृंखलामेंएकगैल्वेनोमीटरप्रतिरोधनिम्नकेसाथएकएमीटरहै

(डी) श्रृंखला में उच्च प्रतिरोध वाला गैल्वेनोमीटर एक एमीटर है

39. बंद विद्युत परिपथ में तार कंडक्टर के कुछ मीटर का प्रतिरोध है

(ए) व्यावहारिकरूपसेशून्य

(फुंक मारा

(सी) उच्च

(डी) बहुत अधिक

40. यदि मेन लाइन में एक समानांतर सर्किट खोला जाता है, तो करंट

(ए) सबसे कम प्रतिरोध की शाखा में बढ़ता है

(बी) प्रत्येक शाखा में बढ़ता है

(सी) सभीशाखाओंमेंशून्यहै

(डी) उच्चतम प्रतिरोधी शाखा में शून्य है

41. यदि 0.2 ओम प्रतिरोध वाले तार के चालक की लंबाई दोगुनी कर दी जाए, तो उसका प्रतिरोध हो जाता है

(ए) 0.4 ओम

(बी) 0.6 ओम

(सी) 0.8 ओम

(डी) 1.0 ओम

42. 60 वोल्ट की विद्युत लाइन के आर-पार तीन 60 वाट के बल्ब समानांतर में हैं। अगर एक बल्ब खुला जलता है

(ए) मुख्य लाइन में भारी धारा होगी

(बी) शेष दो बल्ब नहीं जलेंगे

(c) तीनों बल्ब जलेंगे

(डी) अन्यदोबल्बप्रकाशकरेंगे

43. 40 W के चार बल्ब श्रृंखला में जुड़े हुए हैं, उनके बीच एक बैटरी तेज है, निम्नलिखित में से कौन सा कथन सत्य है?

(ए) एक हीमेंप्रत्येकबल्बकेमाध्यमसेवर्तमान

(बी) प्रत्येक बल्ब में वोल्टेज समान नहीं है

(सी) प्रत्येक बल्ब में बिजली अपव्यय समान नहीं है

(डी) उपरोक्त में से कोई नहीं

44. दो प्रतिरोध Rl और Ri श्रृंखला में वोल्टेज स्रोत में जुड़े हुए हैं जहां Rl>Ri। सबसे बड़ी गिरावट पार होगी

(ए) आरएलई

(बी) री

(सी) या तो आरएल या री

(डी) उनमें से कोई नहीं

46. एक बंद स्विच में का प्रतिरोध होता है

(ए) शून्य

(बी) लगभग 50 ओम

(सी) लगभग 500 ओम

(डी) अनंत

47. बल्ब के फिलामेंट का गर्म प्रतिरोध उसके ठंडे प्रतिरोध से अधिक है क्योंकि फिलामेंट का तापमान गुणांक है

(ए) शून्य

(बी) नकारात्मक

(सी) सकारात्मक

(डी) लगभग 2 ओम प्रति डिग्री

49. करंट ले जाने वाले कंडक्टर पर इंसुलेशन प्रदान किया जाता है

(ए) वर्तमान के रिसाव को रोकने के लिए

(बी) सदमे को रोकने के लिए

(सी) उपरोक्तदोनोंकारक

(डी) उपरोक्त कारकों में से कोई नहीं

50. कंडक्टर पर प्रदान किए गए इन्सुलेशन की मोटाई निर्भर करती है

(ए) कंडक्टरपरवोल्टेजकापरिमाण

(बी) इसके माध्यम से बहने वाली धारा का परिमाण

(सी) दोनों (ए) और (बी)

(डी) उपरोक्त में से कोई नहीं

51. निम्नलिखित में से कौन सी मात्रा एक श्रृंखला सर्किट के सभी भागों में समान रहती है?

(ए) वोल्टेज

(बी) वर्तमान

(सी) पावर

(डी) प्रतिरोध

52. एक 40 W बल्ब को एक रूम हीटर के साथ श्रेणीक्रम में जोड़ा गया है। यदि अब 40 वाट के बल्ब को 100 वाट के बल्ब से बदल दिया जाए, तो हीटर का उत्पादन होगा

(कमी होना

(बी) वृद्धि

(सी) वही रहें

(डी) हीटर जल जाएगा

53. एक इलेक्ट्रिक केतली में पानी 10 मीटर मिनट में उबलता है। बॉयलर को 15 मिनट में उबालना आवश्यक है, उसी आपूर्ति साधन का उपयोग करके

(ए) हीटिंगतत्वकीलंबाईकमकीजानीचाहिए

(बी) हीटिंग तत्व की लंबाई बढ़ाई जानी चाहिए

(सी) हीटिंग तत्व की लंबाई का पानी पर हीटिंग पर कोई प्रभाव नहीं पड़ता है

(डी) उपरोक्त में से कोई नहीं

54. एक विद्युत फिलामेंट बल्ब से काम किया जा सकता है

(ए) डीसी आपूर्ति केवल

(बी) एसी आपूर्ति केवल

(सी) केवल बैटरी की आपूर्ति

(डी) उपरोक्तसभी

55. लागू वोल्टेज बढ़ने पर टंगस्टन लैंप का प्रतिरोध

(ए) घटता है

(बी) बढ़ताहै

(सी) वही रहता है

(डी) उपरोक्त में से कोई नहीं

56. परिपथ से गुजरने वाली विद्युत धारा उत्पन्न करती है

(ए) चुंबकीय प्रभाव

(बी) चमकदार प्रभाव

(सी) थर्मलप्रभाव

(डी) रासायनिक प्रभाव

(ई) सभी उपरोक्त प्रभाव

57. किसी पदार्थ का प्रतिरोध हमेशा घटता है यदि

(ए) सामग्री का तापमान कम हो जाता है

(6) सामग्री का तापमान बढ़ जाता है

(सी) उपलब्ध मुक्त इलेक्ट्रॉनों की संख्या अधिक हो जाती है

(डी) उपरोक्त में से कोई भी सही नहीं है

58. यदि किसी मशीन की दक्षता अधिक हो तो निम्न क्या होना चाहिए ?

(ए) इनपुट पावर

(बी) नुकसान

(सी) शक्ति का सही घटक

(डी) किलोवाट खपत

(ई) आउटपुट से इनपुट का अनुपात

59. जब किसी धात्विक चालक से विद्युत धारा प्रवाहित होती है तो उसका ताप बढ़ जाता है। इसका कारण है

(ए) चालनइलेक्ट्रॉनोंऔरपरमाणुओंकेबीचटकराव

(बी) मूल परमाणुओं से चालन इलेक्ट्रॉनों की रिहाई

(सी) धातु परमाणुओं के बीच आपसी टकराव

(डी) इलेक्ट्रॉनों के संचालन के बीच पारस्परिक टकराव

60. 250 वोल्ट पर रेटेड 500 डब्ल्यू और 200 डब्ल्यू के दो बल्बों का प्रतिरोध अनुपात होगा:

(ए) 4: 25

(बी) 25: 4

(सी) 2: 5

(डी) 5: 2

61. एक कांच की छड़ को रेशमी कपड़े से रगड़ने पर आवेशित होता है क्योंकि

(ए) यह प्रोटॉन में लेता है

(बी) इसके परमाणु हटा दिए जाते हैं

(सी) यहइलेक्ट्रॉनोंकोदूरकरताहै

(डी) यह सकारात्मक चार्ज देता है

62. क्या सर्किट एसी हो सकता है। या डीसी वन, निम्नलिखित में सबसे प्रभावी है वर्तमान के परिमाण को कम करना।

(ए) रिएक्टर

(बी) संधारित्र

(सी) प्रारंभ करनेवाला

(डी) प्रतिरोधी

63. इसे हटाना अधिक कठिन हो जाता है

(ए) कक्षा से कोई भी इलेक्ट्रॉन

(6) कक्षा से पहला इलेक्ट्रॉन

(सी) कक्षा से दूसरा इलेक्ट्रॉन

(डी) कक्षासेतीसराइलेक्ट्रॉन

64. जब समानांतर परिपथ का एक पैर खोला जाता है तो कुल धारा वसीयत होगी
(ए) कम करें
(बी) वृद्धि
(सी) कमी
(डी) शून्य बनो
65. एक लैम्प लोड में जब कुल प्रतिरोध पर एक से अधिक लैम्प स्विच किए जाते हैं भार का
(ए) बढ़ता है
(बी) घटताहै
(सी) वही रहता है
(डी) उपरोक्त में से कोई नहीं
66. दो लैंप 100 W और 40 W 230 V . के आर-पार श्रृंखला में जुड़े हुए हैं (वैकल्पिक)।
निम्नलिखित में से कौन सा कथन सही है?
(ए) 100 डब्ल्यू लैंप तेज चमकेगा
(बी) 40 डब्ल्यूलैंपतेजचमकेंगे
(सी) दोनों दीपक समान रूप से उज्ज्वल चमकेंगे
(डी) 40 डब्ल्यू दीपक फ्यूज हो जाएगा
67. 220 V, 100 W लैम्प का प्रतिरोध होगा
(ए) 4.84 क्यू
(बी) 48.4 क्यू
(सी) 484 फीट
(डी) 4840 क्यू
68. प्रत्यक्ष धारा के मामले में
(ए) वर्तमानकीपरिमाणऔरदिशास्थिररहतीहै
(बी) समय के साथ वर्तमान परिवर्तनों की परिमाण और दिशा
(सी) समय के साथ वर्तमान परिवर्तनों का परिमाण
(डी) वर्तमान का परिमाण स्थिर रहता है
69. जब विद्युत धारा पानी से भरी बाल्टी से गुजरती है, तो बहुत अधिक बुदबुदाहट होती है
देखा। इससे पता चलता है कि आपूर्ति का प्रकार है
(ए) एसी
(बी) डीसी
(सी) उपरोक्त दो में से कोई भी

(डी) उपरोक्त में से कोई नहीं

70. लागू वोल्टेज बढ़ने पर कार्बन फिलामेंट लैंप का प्रतिरोध।

(ए) बढ़ता है

(बी) घटताहै

(सी) वही रहता है

(डी) उपरोक्त में से कोई नहीं

71. स्ट्रीट लाइटिंग में बल्ब सभी जुड़े हुए हैं

(ए) समानांतर

(बी) श्रृंखला

(सी) श्रृंखला-समानांतर

(डी) एंड-टू-एंड

72. परीक्षण उपकरणों के लिए, परीक्षण लैंप की वाट क्षमता होनी चाहिए

(ए) बहुत कम

(फुंक मारा

(सी) उच्च

(डी) कोई मूल्य

73. घर में दीपक जलाने से रेडियो में ध्वनि उत्पन्न होती है। ऐसा इसलिए है क्योंकि स्विचिंग ऑपरेशन उत्पन्न करता है

(ए) संपर्कोंकोअलगकरनेमेंचाप

(बी) उच्च तीव्रता का यांत्रिक शोर

(सी) संपर्कों के बीच यांत्रिक शोर और चाप दोनों

(डी) उपरोक्त में से कोई नहीं

74. स्पार्किंग तब होती है जब एक लोड बंद हो जाता है क्योंकि सर्किट उच्च होता है

(ए) प्रतिरोध

(बी) अधिष्ठापन

(सी) समाई

(डी) प्रतिबाधा

75. निश्चित लंबाई और प्रतिरोध के तांबे के तार को तीन गुना तक खींचा जाता है लंबाई में परिवर्तन के बिना तार का नया प्रतिरोध बन जाता है

(ए) 1/9 बार

(बी) 3 बार

(सी) 9 बार

(डी) अपरिवर्तित

76. जब एक हीटर का प्रतिरोध तत्व फ्यूज हो जाता है और फिर हम उसके एक हिस्से को हटाकर इसे फिर से जोड़ देते हैं, तो हीटर की शक्ति होगी

(कमी होना

(बी) वृद्धि

(सी) स्थिर रहो

(डी) उपरोक्त में से कोई नहीं

77. बल का एक क्षेत्र केवल के बीच मौजूद हो सकता है

(ए) दो अणु

(बी) दोआयन

(सी) दो परमाणु

(डी) दो धातु कण

78. एक पदार्थ जिसके अणुओं में असमान परमाणु होते हैं, कहलाते हैं

(ए) अर्ध-कंडक्टर

(बी) सुपर-कंडक्टो

(सी) यौगिक

(डी) इन्सुलेटर

79. अंतर्राष्ट्रीय ओम को के प्रतिरोध के रूप में परिभाषित किया गया है

(ए) पाराकाएकस्तंभ

(बी) कार्बन का एक घन

(सी) तांबे का घन

(डी) तार की इकाई लंबाई

80. तीन समान प्रतिरोधक पहले समानांतर में और फिर श्रृंखला में जुड़े हुए हैं।
पहले संयोजन का दूसरे संयोजन का परिणामी प्रतिरोध होगा

(ए) 9 गुना

(बी) 1/9 बार

(सी) 1/3 बार

(डी) 3 बार

91. प्रतिरोधों के पूर्ण माप के लिए किस विधि का उपयोग किया जा सकता है?

(ए) लोरेंत्ज़ विधि

(बी) रिले विधि

(सी) ओम की कानून विधि

(डी) व्हीटस्टोनब्रिजविधि

92. त्रिभुज बनाने के लिए तीन 6 ओम प्रतिरोधक जुड़े हुए हैं। किन्हीं दो कोनों के बीच प्रतिरोध क्या है?

(ए) 3/2 क्यू

(बी 6 क्यू

(सी) 4 क्यू

(डी) 8/3 क्यू

93. ओम का नियम लागू नहीं होता

(ए) अर्ध-चालक

(बी) डीसी सर्किट

(सी) छोटे प्रतिरोधी

(डी) उच्च धाराएं

94. दो तांबे के कंडक्टरों की लंबाई समान होती है। एक कंडक्टर का क्रॉस-सेक्शनल क्षेत्र दूसरे के चार गुना है। यदि छोटे अनुप्रस्थ काट वाले कंडक्टर का प्रतिरोध 40 ओम है तो अन्य कंडक्टर का प्रतिरोध होगा

(ए) 160 ओम

(बी) 80 ओम

(सी) 20 ओम

(डी) 10 ओम

95. हीटर कॉइल के रूप में उपयोग किए जाने वाले नाइक्रोम तार में 2 £2/m का प्रतिरोध होता है। 200 वोल्ट पर 1 किलोवाट के हीटर के लिए आवश्यक तार की लंबाई होगी

(ए) 80 एम

(बी) 60 एम

(सी) 40 एम

(डी) 20 एम

96. प्रतिरोध का तापमान गुणांक के रूप में व्यक्त किया जाता है

(ए) ओम/डिग्री सेल्सियस

(बी) एमएचओएस/ओम डिग्री सेल्सियस

(सी) ओम/ओमडिग्रीसेल्सियस

98. जब हीटर कॉइल से करंट प्रवाहित होता है तो यह चमकता है लेकिन आपूर्ति तारों में चमक नहीं होती है क्योंकि

(ए) आपूर्ति लाइन के माध्यम से प्रवाह धीमी गति से बहता है

(बी) आपूर्ति तारों को इन्सुलेशन परत के साथ कवर किया गया है

(सी) हीटरकॉइलकाप्रतिरोधआपूर्तितारोंसेअधिकहै

(डी) आपूर्ति तार बेहतर सामग्री से बने होते हैं

99. ओम के नियम के तहत वैधता की शर्त यह है कि

(ए) प्रतिरोधएकसमानहोनाचाहिए

(बी) वर्तमान प्रतिरोध के आकार के समानुपाती होना चाहिए

(सी) प्रतिरोध तार घाव प्रकार होना चाहिए

(डी) सकारात्मक छोर पर तापमान नकारात्मक छोर पर तापमान से अधिक होना चाहिए

100. निम्नलिखित में से कौन सा कथन सही है?

(ए)

<u>एकअर्ध-चालकएकसामग्रीहैजिसकीचालकताएककंडक्टरऔरएकइन्सुलेटरकेबीचसमानहोतीहै</u>

(बी) एक अर्ध-चालक एक ऐसी सामग्री है जिसमें चालकता होती है जिसमें धातु और इन्सुलेटर की चालकता का औसत मूल्य होता है

(सी) एक अर्ध-कंडक्टर वह होता है जो लागू वोल्टेज का केवल आधा हिस्सा होता है

(डी) एक सेमी-कंडक्टर सामग्री और इन्सुलेटर के संचालन की वैकल्पिक परतों से बना एक सामग्री है

101. एक रिओस्तात पोटेंशियोमीटर से इस संबंध में भिन्न होता है कि यह

(ए) कम वाट क्षमता रेटिंग है

(बी) <u>उच्चवाटक्षमतारेटिंगहै</u>

(सी) बड़ी संख्या में मोड़ हैं

(डी) बड़ी संख्या में टैपिंग प्रदान करता है

102। समान विद्युत प्रतिरोध के लिए समान क्रॉस-सेक्शन के तांबे के कंडक्टर की तुलना में एक एल्यूमीनियम कंडक्टर का वजन है

(ए) <u>50%</u>

(बी) 60%

(सी) 100%

(डी) 150%

103. एक खुला रोकनेवाला, जब ओम-मीटर से जाँचा जाता है, तो पढ़ता है

(ए) शून्य

(बी) <u>अनंत</u>

(सी) उच्च लेकिन सहनशीलता के भीतर

(डी) कम लेकिन शून्य नहीं

104. अधिकांश धातुओं की तुलना में विद्युत चालकता वाली सामग्री बहुत कम होती है लेकिन सामान्य इन्सुलेटर की तुलना में बहुत अधिक होती है।

(ए) Varistors

(बी) थर्मिस्टर

(सी) <u>सेमी-कंडक्टर</u>

(डी) परिवर्तनीय प्रतिरोधी

105. सभी अच्छे कंडक्टरों में उच्च होता है
(ए) चालन
(बी) प्रतिरोध
(सी) अनिच्छा
(डी) तापीय चालकता
106. वोल्टेज पर निर्भर प्रतिरोधक आमतौर पर से बने होते हैं
(ए) लकड़ी का कोयला
(बी) सिलिकॉन कार्बाइड
(सी) निक्रोम
(डी) ग्रेफाइट
107. वोल्टेज पर निर्भर प्रतिरोधों का उपयोग किया जाता है
(ए) आगमनात्मक सर्किट के लिए
(बी) उछालकोदबानेकेलिए
(सी) हीटिंग तत्वों के रूप में
(डी) वर्तमान स्टेबलाइजर्स के रूप में
108. प्रोटॉन के द्रव्यमान और इलेक्ट्रॉन के द्रव्यमान का अनुपात लगभग है
(ए) 1840
(बी) 1840
(सी) 30
(डी) 4
109. कार्बन परमाणु की सबसे बाहरी कक्षा में इलेक्ट्रॉनों की संख्या है
(ए) 3
(बी) 4
(सी) 6
(डी) 7
110. समानांतर में जुड़े तीन प्रतिरोधों के साथ, यदि प्रत्येक 20 W को नष्ट कर देता है तो वोल्टेज स्रोत द्वारा आपूर्ति की गई कुल शक्ति बराबर होती है
(ए) 10 डब्ल्यू
(बी) 20 डब्ल्यू
(सी) 40 डब्ल्यू
(डी) 60 डब्ल्यू
111. एक थर्मिस्टर में होता है
(ए) सकारात्मक तापमान गुणांक
(बी) नकारात्मक तापमान गुणांक

(सी) शून्यतापमानगुणांक

(डी) परिवर्तनीय तापमान गुणांक

112. यदि/, R और t क्रमशः धारा, प्रतिरोध और समय हैं, तो तदनुसार जूल के नियम के अनुसार उत्पादित ऊष्मा के समानुपाती होगी

(ए) I2Rt

(बी) I2Rf

(सी) I2R2t

(डी) आई2आर2टी*

113. नाइक्रोम तार किसका मिश्रधातु है?

(ए) सीसा और जस्ता

(बी) क्रोमियम और वैनेडियम

(सी) निकलऔरक्रोमियम

(डी) तांबा और चांदी

114. जब एक वोल्ट का वोल्टेज लगाया जाता है, तो एक सर्किट एक माइक्रो एम्पीयर करंट प्रवाहित होने देता है। सर्किट का संचालन है

(ए) 1 एन-महो

(बी) 106 एमएचओ

(सी) 1 मिली-महो

(डी) उपरोक्त में से कोई नहीं

115. निम्नलिखित में से किसके पास नकारात्मक तापमान गुणांक हो सकता है?

(ए) चांदी के यौगिक

(6) तरल धातु

(सी) धातु मिश्र धातु

(डी) इलेक्ट्रोलाइट्स

116. चालकता : एमएचओ ::

(ए) प्रतिरोध: ओम

(बी) समाई: हेनरी

(सी) अधिष्ठापन: फैराड

(डी) लुमेन: स्टेरेडियन

117. 1 एंगस्ट्रॉम बराबर होता है

(ए) 10-8 मिमी

(बी) 10"6 सेमी

(सी) 10"10 एम

(डी) 10 ~ 14 एम

118. एक न्यूटन मीटर समान है

(ए) एक वाट

(बी) एकजूल

(सी) पांच जूल

(डी) एक जूल सेकंड

1. "इलेक्ट्रोड पर मुक्त आयन का द्रव्यमान विद्युत की मात्रा के समानुपाती होता है"। उपरोक्त कथन से सम्बंधित है

(ए) न्यूटन का नियम

(बी) फैराडे का विद्युत चुम्बकीय कानून

(c) फैराडेकाइलेक्ट्रोलिसिसकानियम

(डी) गॉस का कानून

2. किसी पदार्थ के एक ग्राम समतुल्य को मुक्त करने के लिए आवश्यक आवेश को _______ स्थिरांक कहा जाता है

(एक वक़्त

(बी) फैराडेके

(सी) बोल्ट्जमैन

3. लेड-एसिड सेल को चार्ज करने के दौरान

(ए) इसकावोल्टेजबढ़ताहै

(बी) यह ऊर्जा देता है

(c) इसका कैथोड डार्क चॉकलेट ब्राउन रंग का हो जाता है

(डी) H2SO4 का विशिष्ट गुरुत्व घटता है

4. लेड-एसिड सेल की क्षमता किस पर निर्भर नहीं करती है?

(तापमान

(बी) प्रभारकीदर

(सी) निर्वहन की दर

(डी) सक्रिय सामग्री की मात्रा

5. लीड-एसिड बैटरी के इलेक्ट्रोलाइट के विशिष्ट गुरुत्व को चार्ज करने के दौरान

(ए) बढ़ताहै

(बी) घटता है

(सी) वही रहता है

(डी) शून्य हो जाता है

6. पूरी तरह से चार्ज लेडएसिड बैटरी की सकारात्मक और नकारात्मक प्लेटों पर सक्रिय सामग्री हैं

(ए) सीसा और सीसा पेरोक्साइड

(बी) लेड सल्फेट और लेड

(सी) लेडपेरोक्साइडऔरलेड

(डी) उपरोक्त में से कोई नहीं

7. जब एक लेड-एसिड बैटरी पूरी तरह से चार्ज की स्थिति में होती है, तो उसके धनात्मक का रंग

प्लेट है

(ए) गहरा भूरा

(बी) भूरा

(सी) गहराभूरा

(डी) उपरोक्त में से कोई नहीं

8. निकल-लौह बैटरी की सक्रिय सामग्री हैं

(ए) निकल हाइड्रॉक्साइड

(6) चूर्ण लोहा और उसका ऑक्साइड

(सी) केओएच का 21% समाधान

(डी) उपरोक्तसभी

9. एक लेड-एसिड सेल की एम्पीयर-घंटे की दक्षता और वाट-घंटे की दक्षता का अनुपात है

(ए) सिर्फ एक

(बी) हमेशाएकसेबड़ा

(सी) हमेशा एक से कम

(डी) उपरोक्त में से कोई नहीं।

10. लेड-एसिड बैटरी पर आवेश की स्थिति के बारे में सबसे अच्छा संकेत किसके द्वारा दिया जाता है

(ए) आउटपुट वोल्टेज

(बी) इलेक्ट्रोलाइट का तापमान

(सी) इलेक्ट्रोलाइटकीविशिष्टगुरुत्व

(डी) उपरोक्त में से कोई नहीं

11. आमतौर पर इलेक्ट्रिक पावर स्टेशन में उपयोग की जाने वाली स्टोरेज बैटरी है

(ए) निकल-कैडमियम बैटरी

(बी) जिंक-कार्बन बैटरी

(सी) लीड-एसिडबैटरी

(डी) उपरोक्त में से कोई नहीं

12. चार्जर का आउटपुट वोल्टेज है

(ए) बैटरी वोल्टेज से कम

(बी) बैटरीवोल्टेजसेअधिक
(सी) बैटरी वोल्टेज के समान
(डी) उपरोक्त में से कोई नहीं
13. कोशिकाओं को क्रम में क्रम से जोड़ा जाता है
(ए) वोल्टेजरेटिंगबढ़ाएं
(6) वर्तमान रेटिंग बढ़ाएँ
(सी) कोशिकाओं के जीवन में वृद्धि
(डी) उपरोक्त में से कोई नहीं
14. पांच 2 वी सेल समानांतर में जुड़े हुए हैं। आउटपुट वोल्टेज है
(ए) 1 वी
(6) 1.5 वी
(सी) 1.75 वी
(डी) 2 वी
15. बैटरी की क्षमता को के रूप में व्यक्त किया जाता है
(ए) वर्तमान रेटिंग
(बी) वोल्टेज रेटिंग
(सी) एम्पीयर-घंटेरेटिंग
(डी) उपरोक्त में से कोई नहीं
16. निकल-लौह सेल के चार्जिंग और डिस्चार्जिंग के दौरान
(ए) संक्षारक धुएं का उत्पादन किया जाता है
(बी) पानीनतोबनताहैऔरनहीअवशोषितहोताहै
(सी) निकल हाइड्रॉक्साइड अविभाजित रहता है
(डी) इसका ईएमएफ स्थिर रहता है
17. निरंतर-वर्तमान प्रणाली की तुलना में, लीड एसिड सेल चार्ज करने की निरंतर-वोल्टेज प्रणाली का लाभ होता है
(ए) चार्ज करने का समय कम करना
(बी) सेल क्षमता बढ़ाना
(सी) दोनों (ए) और (बी)
(डी) अत्यधिक गैसिंग से बचना
18. एक डेड स्टोरेज बैटरी को किसके द्वारा पुनर्जीवित किया जा सकता है?
(ए) आसुत जल जोड़ना
(6) तथाकथित बैटरी रिस्टोरर जोड़ना
(सी) H2SO4 . की एक खुराक
(डी) उपरोक्तमेंसेकोईनहीं

19. लेड-एसिड सेल की तुलना में, निकेल-आयरन सेल की दक्षता इसके कारण कम होती है

(ए) कॉम्पैक्टनेस

(बी) कम ईएमएफ

(सी) इलेक्ट्रोलाइट की छोटी मात्रा का इस्तेमाल किया

(डी) उच्चआंतरिकप्रतिरोध

20. स्टोरेज बैटरी की ट्रिकल चार्जिंग से मदद मिलती है

(ए) उचित इलेक्ट्रोलाइट स्तर बनाए रखें

(बी) अपनी आरक्षित क्षमता में वृद्धि

(सी) सल्फेशन को रोकें

(डी) इसेताजाऔरपूरीतरहचार्जरखें

21. कोशिका के वे पदार्थ जो रासायनिक संयोजन में सक्रिय भाग लेते हैं और इसलिए चार्जिंग या डिस्चार्जिंग के दौरान बिजली उत्पन्न करते हैं, _______ सामग्री के रूप में जाने जाते हैं।

(ए) निष्क्रिय

(बी) सक्रिय

(सी) अनावश्यक

(डी) जड़ता

22. एक लेड-एसिड सेल में तनु सल्फ्यूरिक एसिड (इलेक्ट्रोलाइट) में लगभग निम्नलिखित शामिल होते हैं:

(ए) एक भाग H2O, तीन भाग H2SO4

(बी) दो भाग H2O, दो भाग H2SO4

(c) तीनभाग H2O, एकभाग H2SO4

(डी) सभी एच2एस04

23. यह देखा गया है कि ड्यूरम चार्जिंग

(ए) वोल्टेज में वृद्धि हुई है

(बी) ऊर्जा सेल द्वारा अवशोषित होती है

(सी) H2SO4 का विशिष्ट गुरुत्व बढ़ जाता है

(डी) उपरोक्तसभी

24. यह देखा गया है कि निर्वहन के दौरान निम्नलिखित नहीं होता है

(ए) एनोड और कैथोड दोनों बन जाते हैं PbS04

(बी) H2SO4 का विशिष्ट गुरुत्व घटता है

(सी) सेल का वोल्टेज घटता है

(डी) सेलऊर्जाकोअवशोषितकरताहै

25. लेडएसिड सेल की एम्पीयर-घंटे दक्षता सामान्य रूप से के बीच होती है

(ए) 20 से 30%

(बी) 40 से 50%

(सी) 60 से 70%

(डी) 90 से 95%

26. लेड-एसिड सेल की वाट-घंटे की दक्षता के बीच भिन्न होती है

(ए) 25 से 35%

(बी) 40 से 60%

(सी) 70 से 80%

(डी) 90 से 95%

27. लेड-एसिड सेल की क्षमता को में मापा जाता है

(ए) एम्पीयर

(बी) एम्पीयर-घंटे

(सी) वाट

(डी) वाट-घंटे

28. लेड-एसिड सेल की क्षमता निर्भर करती है

(ए) निर्वहन की दर

(बी) तापमान

(सी) इलेक्ट्रोलाइट का घनत्व

(डी) उपरोक्तसभी

29. जब लेड-एसिड सेल पूरी तरह से चार्ज हो जाता है, तो इलेक्ट्रोलाइट _____ रूप धारण कर लेता है

(एक सुस्त

(बी) लाल

(सी) उज्ज्वल

(डी) दूधिया

30. एडिसन सेल का ईएमएफ, जब पूरी तरह से चार्ज होता है, लगभग होता है

(ए) 1.4 वी

(बी) 1 वी

(सी) 0.9 वी

(डी) 0.8 वी

31. क्षार सेल का आंतरिक प्रतिरोध लेड एसिड सेल के लगभग _____ गुना है।

(दो

(बी) तीन

(सी) चार

(डी) पांच

32. क्षार सेल के लिए औसत चार्जिंग वोल्टेज लगभग है

(ए) 1 वी

(बी) 1.2 वी

(सी) 1.7 वी

(डी) 2.1 वी

33. एडिसन सेल की औसतन एम्पियर-घंटे दक्षता लगभग है

(ए) 40%

(बी) 60%

(सी) 70%

(डी) 80%

34. सिल्वर-जिंक बैटरियों की धनात्मक प्लेटों का सक्रिय पदार्थ है

(ए) सिल्वरऑक्साइड

(बी) लीड ऑक्साइड

(सी) लीड

(डी) जिंक पाउडर

35. लेड-एसिड सेल में लगभग चार्ज और डिस्चार्ज का जीवन होता है

(ए) 500

(बी) 700

(सी) 1000

(डी) 1250

36. एडिसन कोशिका का जीवनकाल कम से कम होता है

(ए) पांचसाल

(बी) सात साल

(सी) आठ साल

(डी) दस साल

37. लेड-एसिड सेल का आंतरिक प्रतिरोध एडिसन सेल का होता है

(ए) सेकम

(बी) से अधिक

(सी) बराबर

(डी) उपरोक्त में से कोई नहीं

38. एडिसन सेल में प्रयुक्त इलेक्ट्रोलाइट है

(ए) NaOH

(बी) कोह

(सी) एचसी 1

(डी) एचएन03

39. लेड-एसिड सेल में प्रयुक्त इलेक्ट्रोलाइट है

(ए) NaOH

(बी) केवलH2S04

(सी) केवल पानी

(डी) पतला H2SO4

40. एडिसन सेल की ऋणात्मक प्लेट बनी होती है

(ए) तांबा

(बी) लीड

(सी) लोहा

(डी) चांदी ऑक्साइड

41. किसी भी स्टोरेज सेल का ओपन सर्किट वोल्टेज पूरी तरह से निर्भर करता है

(ए) इसके रासायनिक घटक

(बी) इसके इलेक्ट्रोलाइट के बल पर

(सी) इसका तापमान

(डी) उपरोक्तसभी

42. विद्युत अपघट्य का विशिष्ट गुरुत्व किसके द्वारा मापा जाता है?

(ए) मैनोमीटर

(6) एक यांत्रिक गेज

(सी) हाइड्रोमीटर

(डी) साइकोमीटर

43. जब लेड-एसिड सेल के इलेक्ट्रोलाइट का विशिष्ट गुरुत्व 1.1 से 1.15 तक कम हो जाता है, तो सेल में होता है

(ए) चार्ज राज्य

(बी) छुट्टीदेदीराज्य

(सी) दोनों (ए) और (बी)

(डी) सक्रिय राज्य

44. _______ प्रणाली में चार्जिंग करंट को रुक-रुक कर या तो a . पर नियंत्रित किया जाता है

अधिकतम या न्यूनतम मूल्य

(ए) दोदरप्रभारनियंत्रण

(बी) ट्रिकल चार्ज

(सी) फ्लोटिंग चार्ज

(डी) एक बराबर चार्ज

45. ओवर चार्जिंग

(ए) अत्यधिक गैसिंग पैदा करता है

(बी) सक्रिय सामग्री को ढीला करता है

(ई) तापमान को बढ़ाता है जिसके परिणामस्वरूप प्लेटों की बकलिंग होती है

(डी) उपरोक्तसभी

46. अंडरचार्जिंग

(ए) इलेक्ट्रोलाइटकेविशिष्टगुरुत्वकोकमकरताहै

(बी) इलेक्ट्रोलाइट के विशिष्ट गुरुत्व को बढ़ाता है

(सी) अत्यधिक गैसिंग पैदा करता है

(डी) तापमान बढ़ाता है

47. आंतरिक शॉर्ट सर्किट किसके कारण होते हैं

(ए) एक या अधिक विभाजकों का टूटना

(बी) कोशिका के तल पर तलछट का अतिरिक्त संचय

(सी) दोनों (ए) और (बी)

(डी) उपरोक्त में से कोई नहीं

48. सल्फेशन का प्रभाव यह है कि आंतरिक प्रतिरोध

(ए) बढ़ताहै

(बी) घटता है

(सी) वही रहता है

(डी) उपरोक्त में से कोई नहीं

49. प्लेटों की सतह पर लेड सल्फेट का अत्यधिक निर्माण किसके कारण होता है?

(ए) बैटरी को लंबे समय तक डिस्चार्ज की स्थिति में खड़े रहने देना

(बी) इलेक्ट्रोलाइट के साथ टॉपिंग

(सी) लगातार अंडरचार्जिंग

(डी) उपरोक्तसभी

50. वे पदार्थ जो एक साथ मिलकर आवेश के दौरान विद्युत ऊर्जा को संचित करते हैं _______ पदार्थ कहलाते हैं

(ए) सक्रिय

(बी) निष्क्रिय

(सी) जड़ता

(डी) ढांकता हुआ

1. कुण्डली का वह गुण जिससे धारा के होने पर उसमें एक प्रति ईएमएफ प्रेरित होता है

कुंडल के माध्यम से परिवर्तन के रूप में जाना जाता है

(ए) आत्मअधिष्ठापन

(बी) पारस्परिक अधिष्ठापन

(सी) श्रृंखला सहायता अधिष्ठापन

(डी) समाई

2. फैराडे के विद्युत चुम्बकीय प्रेरण के नियमों के अनुसार, एक ईएमएफ को a . में प्रेरित किया जाता है

कंडक्टर जब भी

(ए) चुंबकीय प्रवाह के लंबवत स्थित है

(बी) एक चुंबकीय क्षेत्र में स्थित है

(सी) चुंबकीयप्रवाहमेंकटौती

(डी) चुंबकीय क्षेत्र की दिशा के समानांतर चलता है

3. निम्नलिखित में से कौन सा सर्किट तत्व विद्युत चुम्बकीय में ऊर्जा संग्रहीत करता है

खेत ?

(ए) अधिष्ठापन

(बी) कंडेनसर

(सी) परिवर्तनीय प्रतिरोधी

(डी) प्रतिरोध

4. निम्नलिखित को छोड़कर सभी स्थितियों में एक कॉइल का इंडक्शन बढ़ जाएगा:

(ए) जबसमानसंख्यामेंघुमावोंकेलिएअधिकलंबाईप्रदानकीजातीहै

(6) जब कुंडल के घुमावों की संख्या बढ़ जाती है

(सी) जब प्रत्येक मोड़ के लिए अधिक क्षेत्र प्रदान किया जाता है

(डी) जब कोर की पारगम्यता बढ़ जाती है

5. एक कुंडल का स्व-प्रेरकत्व जितना अधिक होगा,

(ए) कम इसके वेबर-मोड़

(बी) प्रेरित ईएमएफ को कम करें

(सी) इसके द्वारा उत्पादित प्रवाह अधिक से अधिक

(डी) इसकेमाध्यमसेस्थिरधारास्थापितकरनेमेंअधिकदेरी

6. एक लोहे की कोर वाली कुंडल में लोहे की कोर को हटा दिया जाता है ताकि कुंडल एक वायु कोर्ड कुंडल बन जाए। कुंडल का अधिष्ठापन होगा

(ए) वृद्धि

(बी) कमी

(सी) वही रहें

(डी) शुरू में बढ़ो और फिर घटो

7. एक खुली कुण्डली में होती है

(ए) शून्य प्रतिरोध और अधिष्ठापन

(बी) अनंतप्रतिरोधऔरशून्यअधिष्ठापन

(सी) अनंत प्रतिरोध और सामान्य अधिष्ठापन

(डी) शून्य प्रतिरोध और उच्च अधिष्ठापन

8. एक आगमनात्मक कुंडल के घुमावों की संख्या और कोर लंबाई दोनों को दोगुना कर दिया जाता है।

इसका सेल्फ इंडक्शन होगा

(ए) अप्रभावित

(बी) दोगुना

(सी) आधा

(डी) चौगुनी

9. यदि किसी चालक में धारा बढ़ती है तो लेन्ज के नियम के अनुसार स्व-प्रेरित वोल्टेज होगा

(ए) बढ़ती धारा की सहायता करें

(बी) वर्तमान किराए की मात्रा को कम करने की प्रवृत्ति है

(सी) बढ़तीधाराकेविपरीतवर्तमानउत्पन्नकरें

(डी) लागू वोल्टेज की सहायता करें

10. प्रेरित विद्युत वाहक बल की दिशा किसके द्वारा ज्ञात की जा सकती है?

(ए) लाप्लास का कानून

(बी) लेनज़काकानून

(c) फ्लेमिंग के दाहिने हाथ का नियम

(डी) किरचॉफ का वोल्टेज कानून

11. एयर-कोर कॉइल व्यावहारिक रूप से मुक्त हैं

(ए) हिस्टैरिसीस नुकसान

(बी) एड़ी वर्तमान नुकसान

(सी) दोनों (ए) और (बी)

(डी) उपरोक्त में से कोई नहीं

12. किसी चालक में प्रेरित विद्युत वाहक बल का परिमाण किस पर निर्भर करता है?

(ए) चुंबकीय क्षेत्र का प्रवाह घनत्व

(बी) प्रवाह कटौती की मात्रा

(सी) फ्लक्स लिंकेज की मात्रा

(डी) फ्लक्स-लिंकेजकेपरिवर्तनकीदर

13. दो चुंबकीय रूप से युग्मित कुंडलियों के बीच पारस्परिक रूप से अधिष्ठापन निर्भर करता है

(ए) कोर की पारगम्यता

(बी) उनके घुमावों की संख्या

(सी) उनके सामान्य कोर का पार-अनुभागीय क्षेत्र

(डी) उपरोक्तसभी

14. एक लेमिनेटेड लोहे के कोर ने एड़ी-करंट के नुकसान को कम कर दिया है क्योंकि

(ए) कॉइल में कम डीसी प्रतिरोध के साथ अधिक तार का उपयोग किया जा सकता है

(बी) टुकडेटुकडेएकदूसरेसेइन्सुलेटकिएजातेहैं

(सी) चुंबकीय प्रवाह कोर के वायु अंतराल में केंद्रित है

(डी) टुकड़े टुकड़े खड़ी खड़ी हैं

15. कानून कि प्रेरित ईएमएफ और करंट हमेशा कारण का विरोध करते हैं
उनका उत्पादन करने के कारण है

(ए) फैराडे

(बी) लेन्ज़ो

(सी) न्यूटन

16. निम्नलिखित में से कौन अधिष्ठापन की इकाई नहीं है ?

(ए) हेनरी

(बी) कूलम्ब/वोल्टएम्पीयर

(सी) वोल्ट सेकेंड प्रति एम्पीयर

(D। उपरोक्त सभी

17. एक अधिष्ठापन के मामले में, धारा के समानुपाती होती है

(ए) अधिष्ठापन भर में वोल्टेज

(बी) चुंबकीयक्षेत्र

(सी) दोनों (ए) और (बी)

(डी) न तो (ए) और न ही (बी)

18. निम्नलिखित में से कौन सा सर्किट तत्व सर्किट में बदलाव का विरोध करेगा
वर्तमान ?

(ए) समाई

(बी) अधिष्ठापन

(सी) प्रतिरोध

(D। उपरोक्त सभी

19. विशुद्ध रूप से आगमनात्मक परिपथ के लिए निम्नलिखित में से कौन सा सत्य है ?

(ए) स्पष्ट शक्ति शून्य है

(बी) सापेक्ष शक्ति है। शून्य

(सी) सर्किटकीवास्तविकशक्तिशून्यहै

(डी) सर्किट में मौजूद होने पर भी कोई कैपेसिटेंस चार्ज नहीं किया जाएगा

20. निम्नलिखित में से कौन अधिष्ठापन की इकाई है?

(ए) ओहमो

(बी) हेनरी

(सी) एम्पीयर बदल जाता है

(डी) वेबर्स / मीटर

21. अधिष्ठापन 4H की कुण्डली में 16 वोल्ट का विद्युत वाहक बल प्रेरित होता है। परिवर्तन की दर

वर्तमान का होना चाहिए

(ए) 64 ए / एस

(बी) 32 ए / एस

(सी) 16 ए / एस

(डी) 4 ए / एस

22. एक कुंडल के क्रोड की लंबाई 200 मिमी है। कुंडल का अधिष्ठापन 6 mH है। यदि कोर की लंबाई दोगुनी हो जाती है, अन्य सभी मात्राएं समान रहती हैं,

अधिष्ठापन होगा

(ए) 3 एमएच

(बी) 12 एमएच

(सी) 24 एमएच

(डी) 48 एमएच

23. दो कुंडलियों के स्वप्रेरकत्व 8 mH और 18 mH हैं। यदि के गुणांक

युग्मन 0.5 है, कुंडलियों का पारस्परिक अधिष्ठापन है

(ए) 4 एमएच

(बी) 5 एमएच

(सी) 6 एमएच

(डी) 12 एमएच

24. दो कुंडलियों में 8 mH और 18 mH का अधिष्ठापन और युग्मन का एक गुणांक है 0.5 का। यदि दो कुंडलियों को श्रृंखला सहायता में जोड़ा जाता है, तो कुल अधिष्ठापन होगा

(ए) 32 एमएच

(बी) 38 एमएच

(सी) 40 एमएच

(डी) 48 एमएच

25. एक 200 टर्न कॉइल में 12 mH का इंडक्शन होता है। यदि फेरों की संख्या है 400 मोड़ तक बढ़ गया, अन्य सभी मात्राएँ (क्षेत्र, लंबाई आदि) समान रहीं, अधिष्ठापन होगा

(ए) 6 एमएच

(बी) 14 एमएच

(सी) 24 एमएच

(डी) 48 एमएच

26. दो कॉइल में 10 एच और 2 एच के स्व-प्रेरकत्व होते हैं, पारस्परिक अधिष्ठापन शून्य। यदि दो कुंडलियों को श्रेणीक्रम में जोड़ा जाता है, तो कुल अधिष्ठापन होगा

(ए) 6 एच

(बी) 8 एच

(सी) 12 एच

(डी) 24 एच

27. यदि कॉइल 1 में करंट से सभी फ्लक्स कॉइल 2 से जुड़ते हैं, तो सह-कुशल युग्मन का होगा

(ए) 2.0

(बी) 1.0

(सी) 0.5

(डी) शून्य

28. नगण्य प्रतिरोध वाली एक कुण्डली में 10 mA के साथ 50V है। आगमनात्मक प्रतिक्रिया है

(ए) 50 ओम

(बी) 500 ओम

(सी) 1000 ओम

(डी) 5000 ओम

29. 2 मीटर लंबा एक कंडक्टर फ्लक्स के चुंबकीय क्षेत्र में समकोण पर चलता है घनत्व 1 टेस्ला 12.5 मीटर/सेकेंड के वेग के साथ। कंडक्टर में प्रेरित ईएमएफ होगा होना

(ए) 10 वी

(6) 15 वी

(सी) 25V

(डी) 50 वी

30. लेन्ज का नियम किसके संरक्षण के नियम का परिणाम है?

(ए) प्रेरित वर्तमान

(बी) चार्ज

(सी) ऊर्जा

(डी) प्रेरित ईएमएफ

31. एक चालक 60° से कम के 125 ऐम्पियर धारा को 1.1 . के चुंबकीय क्षेत्र में ले जाता है

टेस्ला कंडक्टर पर बल होगा

लगभग

(ए) 50 एन

(बी) 120 एन

(सी) 240 एन

(डी) 480 एन

32. 50 एम्पीयर की धारा ले जाने वाले 3 मीटर लंबे कंडक्टर पर लगने वाले बल का पता लगाएं

0.67 टेस्ला के फ्लक्स घनत्व वाले चुंबकीय क्षेत्र के समकोण पर।

(ए) 100 एन

(बी) 400 एन

(सी) 600 एन

(डी) 1000 एन

33. दो एयर कोर कॉइल के बीच युग्मन का गुणांक निर्भर करता है

(ए) केवल दो कुंडलियों का स्व-प्रेरकत्व

(बी) केवल दो कॉइल के बीच पारस्परिक अधिष्ठापन

(सी) दोकॉइल्सकापारस्परिकअधिष्ठापनऔरस्वयंअधिष्ठापन

(डी) उपरोक्त में से कोई नहीं

34. एक 250 फेरों वाली परिनालिका में 10 V का औसत वोल्टेज प्रेरित होता है a . के परिणामस्वरूप

प्रवाह में परिवर्तन जो 0.5 सेकंड में होता है। कुल प्रवाह परिवर्तन है

(ए) 20 डब्ल्यूबी

(बी) 2 डब्ल्यूबी

(सी) 0.2 डब्ल्यूबी

(डी) 0.02 डब्ल्यूबी

35. एक 500 टर्न सोलनॉइड 60 वी का औसत प्रेरित वोल्टेज विकसित करता है। किससे अधिक

इस तरह के वोल्टेज का उत्पादन करने के लिए समय अंतराल में 0.06 Wb का फ्लक्स परिवर्तन होना चाहिए?

(ए) 0.01 एस

(बी) 0.1 एस

(सी) 0.5 एस

(डी) 5 एस

36. हल चलाने वाले प्रारंभ करनेवाला में से किसमें एडी करंट का नुकसान सबसे कम होगा?

(ए) एयरकोर

(बी) टुकड़े टुकड़े में लौह कोर

(सी) आयरन कोर

(डी) पाउडर लौह कोर

37. जब धारा 1 A/s की दर से बदलती है तो एक कुण्डली 350 mV प्रेरित करती है। अधिष्ठापन का मूल्य है

(ए) 3500 एमएच

(बी) 350 एमएच

(सी) 250 एमएच

(डी) 150 एमएच

38. परस्पर युग्मन के बिना श्रृंखला में दो 300 uH कॉइल का कुल अधिष्ठापन है

(ए) 300 यूएच

(बी) 600 यूएच

(सी) 150 यूएच

(डी) 75 यूएच

39. एक सेकण्ड में 8 A से 12 A में परिवर्तित होने वाली धारा एक कुण्डली में 20 वोल्ट प्रेरित करती है।

अधिष्ठापन का मान है

(ए) 5 एमएच

(बी) 10 एमएच

(सी) 5 एच

(डी) 10 एच

40. कौन सा सर्किट तत्व सर्किट करंट में बदलाव का विरोध करेगा?

(ए) केवल प्रतिरोध

(बी) केवलअधिष्ठापन

(सी) केवल समाई

(डी) अधिष्ठापन और समाई

41. एक प्रारंभ करनेवाला के चुंबकीय पथ में दरार का परिणाम होगा

(ए) अपरिवर्तित अधिष्ठापन

(बी) अधिष्ठापन में वृद्धि

(सी) शून्य अधिष्ठापन

(डी) कमअधिष्ठापन

42. लोहे की कोर पर एक कुंडल घाव है जो वर्तमान I को वहन करता है। स्व-प्रेरित वोल्टेज

कुंडल में से प्रभावित नहीं होता है

(ए) कॉइल करंट में भिन्नता

(बी) कॉइलमेंवोल्टेजमेंभिन्नता

(सी) कुंडल के घुमावों की संख्या में परिवर्तन

(डी) चुंबकीय पथ का प्रतिरोध

1. एक अर्धचालक .... बंधों द्वारा बनता है।

ए] सहसंयोजक

बी] इलेक्ट्रोवैलेंट

सी] समन्वय

डी] उपरोक्त में से कोई नहीं

2. एक अर्धचालक में प्रतिरोध का .... तापमान गुणांक होता है।

सकारात्मक

बी] शून्य

सी] नकारात्मक

डी] उपरोक्त में से कोई नहीं

3. सबसे अधिक इस्तेमाल किया जाने वाला सेमीकंडक्टर ....

ए] जर्मेनियम

बी] सिलिकॉन

सी] कार्बन

डी] सल्फर

6. एक शुद्ध सिलिकॉन की प्रतिरोधकता लगभग ....

ए] 100 ओ सेमी

बी] 6000 हेसेमी

सी] 3 x 105 ओ एम

डी] 6 x 10-8 हे सेमी

7. जब एक शुद्ध अर्धचालक को गर्म किया जाता है तो उसका प्रतिरोध ....

ए] ऊपर जाता है

बी] <u>नीचेचलाजाताहै</u>

सी] वही रहता है

डी] नहीं कह सकता

8. सेमीकंडक्टर क्रिस्टल की ताकत .... से आती है।

ए] नाभिकों के बीच बल

बी] प्रोटॉन के बीच बल

सी] <u>इलेक्ट्रॉन-जोड़ीबंधन</u>

डी] उपरोक्त में से कोई नहीं

9. जब एक शुद्ध अर्धचालक में पेंटावैलेंट अशुद्धता डाली जाती है, तो यह ....

ए] एक इन्सुलेटर

बी] एक आंतरिक अर्धचालक

सी] पी-प्रकार अर्धचालक

डी] <u>एन-प्रकारअर्धचालक</u>

10. अर्धचालक में पेंटावैलेंट अशुद्धता मिलाने से कई ....

ए] <u>मुक्तइलेक्ट्रॉन</u>

बी] छेद

सी] वैलेंस इलेक्ट्रॉन

डी] बाध्य इलेक्ट्रॉन

11. एक पेंटावैलेंट अशुद्धता में .... अणु की संयोजन क्षमता

ए] 35

बी] <u>4</u>

सी] 6

12. एक n-प्रकार का अर्धचालक .... है

ए] सकारात्मक चार्ज

बी] नकारात्मक चार्ज

सी] <u>विद्युतरूपसेतटस्थ</u>

डी] उपरोक्त में से कोई नहीं

14. अर्धचालक में त्रिसंयोजी अशुद्धता मिलाने से अनेक .... का निर्माण होता है।

ए] <u>छेद</u>

बी] मुक्त इलेक्ट्रॉन

सी] वैलेंस इलेक्ट्रॉन

डी] बाध्य इलेक्ट्रॉन

15. अर्धचालक में एक छिद्र को .... के रूप में परिभाषित किया जाता है।

ए] एक मुक्त इलेक्ट्रॉन

बी] एकइलेक्ट्रॉनजोड़ीबंधनकाअधूराहिस्सा

सी] एक मुक्त प्रोटॉन

डी] एक मुक्त न्यूट्रॉन

16. एक बाह्य अर्धचालक में अशुद्धता स्तर शुद्ध अर्धचालक का लगभग ..... होता है।

ए] 108 परमाणुओं के लिए 10 परमाणु

बी] 108 परमाणुओंकेलिए 1 परमाणु

सी] 104 परमाणुओं के लिए 1 परमाणु

डी] 100 परमाणुओं के लिए 1 परमाणु

17. जैसे-जैसे शुद्ध अर्धचालक का डोपिंग बढ़ता है, अर्धचालक का थोक प्रतिरोध ....

ए] वही रहता है

बी] बढ़ता है

सी] घटताहै

डी] उपरोक्त में से कोई नहीं

18. निकट में एक छिद्र और इलेक्ट्रॉन .... की ओर प्रवृत्त होंगे।

ए] एक दूसरे को पीछे हटाना

बी] एकदूसरेकोआकर्षितकरें

सी] एक दूसरे पर कोई प्रभाव नहीं है

डी] उपरोक्त में से कोई नहीं

19. एक अर्धचालक में, धारा चालन .... के कारण होता है।

ए] केवल छेद

B] केवल मुक्त इलेक्ट्रॉन

सी] छेदऔरमुक्तइलेक्ट्रॉन

डी] उपरोक्त में से कोई नहीं

20. थर्मल आंदोलन के कारण छिद्रों और मुक्त इलेक्ट्रॉनों की यादृच्छिक गति को .... कहा जाता है।

ए] प्रसार

बी] दबाव

सी] आयनीकरण

डी] उपरोक्त में से कोई नहीं

21. एक अग्रदिशिक बायस्ड pn जंक्शन डायोड में कोटि का प्रतिरोध होता है

ए] ठीकहै

बी] ओ

सी] एमओ

डी] उपरोक्त में से कोई नहीं

22. एक पीएन जंक्शन पूर्वाग्रह को आगे बढ़ाने के लिए आवश्यक बैटरी कनेक्शन हैं ......

A] +ve टर्मिनलसे p और –ve टर्मिनलसे n . तक

B] -ve टर्मिनल से p और +ve टर्मिनल से n

C] -ve टर्मिनल से p और -ve टर्मिनल से n . तक

डी] उपरोक्त में से कोई नहीं

23. जर्मेनियम के लिए pn जंक्शन पर बैरियर वोल्टेज लगभग .... के बारे में है

ए] 5 वी

बी] 3 वी

सी] शून्य

डी] 3 वी

24. pn जंक्शन के ह्रास क्षेत्र में .... की कमी होती है।

ए] स्वीकर्ता आयन

बी] छेदऔरइलेक्ट्रॉन

सी] दाता आयन

डी] उपरोक्त में से कोई नहीं

25. एक रिवर्स बायस पीएन जंक्शन में ....

ए] संकीर्ण कमी परत

बी] लगभगकोईवर्तमाननहीं

सी] बहुत कम प्रतिरोध

डी] बड़ा वर्तमान प्रवाह

26. एक पीएन जंक्शन .... के रूप में कार्य करता है।

ए] नियंत्रित स्विच

बी] द्विदिश स्विच

सी] यूनिडायरेक्शनलस्विच

डी] उपरोक्त में से कोई नहीं

27. एक रिवर्स बायस्ड pn जंक्शन में के क्रम का प्रतिरोध होता है

ठीक

बी] ओ

सी] एमओ

डी] उपरोक्त में से कोई नहीं

28. एक pn जंक्शन के आर-पार लीकेज करंट .... के कारण होता है।

ए] अल्पसंख्यकवाहक

बी] अधिकांश वाहक

सी] जंक्शन समाई

डी] उपरोक्त में से कोई नहीं

29. जब एक बाहय अर्धचालक का तापमान बढ़ा दिया जाता है, तो स्पष्ट प्रभाव ......

ए] जंक्शन समाई

बी] अल्पसंख्यकवाहक

सी] अधिकांश वाहक

डी] उपरोक्त में से कोई नहीं

30. एक पीएन जंक्शन के लिए आगे के पूर्वाग्रह के साथ, कमी परत की चौड़ाई ....

ए] घटताहै

बी] बढ़ता है

सी] वही रहता है

डी] उपरोक्त में से कोई नहीं

31. एक pn जंक्शन में लीकेज करंट के क्रम का है

ए] आ

बी] एमए

सी] केए

डी] µA

32. एक आंतरिक अर्धचालक में, मुक्त इलेक्ट्रॉनों की संख्या ....

ए] छिद्रोंकीसंख्याकेबराबरहोतीहै

बी] छिद्रों की संख्या से अधिक है

C] छिद्रों की संख्या से कम है

डी] उपरोक्त में से कोई नहीं

33. कमरे के तापमान पर, एक आंतरिक अर्धचालक में ....

ए] केवल कई छेद

B] कुछमुक्तइलेक्ट्रॉनऔरछिद्र

C] केवल कई मुक्त इलेक्ट्रॉन

डी] कोई छेद या मुक्त इलेक्ट्रॉन नहीं

34. पूर्ण तापमान पर, एक आंतरिक अर्धचालक में ....

ए] कुछ मुक्त इलेक्ट्रॉन

बी] कई छेद

सी] कई मुक्त इलेक्ट्रॉन

डी] कोईछेदयामुक्तइलेक्ट्रॉननहीं

35. कमरे के तापमान पर, एक आंतरिक सिलिकॉन क्रिस्टल लगभग ...... के रूप में कार्य करता है

ए] एक बैटरी

बी] एक कंडक्टर

सी] <u>एकइन्सुलेटर</u>

डी] तांबे के तार का एक टुकड़ा

1. एक क्रिस्टल डायोड में ....

एक पीएन जंक्शन

दो पीएन जंक्शन

तीन पीएन जंक्शन

इनमे से कोई भी नहीं

उत्तर: 1

2. एक क्रिस्टल डायोड में .... के क्रम का अग्रगामी प्रतिरोध होता है।

को

मैं

म

इनमे से कोई भी नहीं

उत्तर: 2

3. यदि क्रिस्टल डायोड प्रतीक का तीर धनात्मक wrt बार है, तो डायोड .... पक्षपाती है।

आगे

उल्टा

या तो आगे या पीछे

इनमे से कोई भी नहीं

उत्तर: 1

सेमीकंडक्टर डायोड

प्रश्न और उत्तर पीडीएफ

4. डायोड में रिवर्स करंट .... के क्रम का होता है।

केए

एमए

μA

ए

उत्तर: 3

5. एक सिलिकॉन डायोड के आर-पार आगे की वोल्टेज ड्रॉप होती है

के बारे में ....

2.5 वी

3 वी

10 वी

0.7 वी

उत्तर: 4

6. क्रिस्टल डायोड का प्रयोग .... के रूप में किया जाता है।

एक प्रवर्धक

एक सुधारक

एक थरथरानवाला

एक वोल्टेज नियामक

उत्तर: 2

7. किसी क्रिस्टल डायोड का dc प्रतिरोध .... उसका ac प्रतिरोध होता है

बराबर

इससे अधिक

से कम

इनमे से कोई भी नहीं

उत्तर: 3

8. एक आदर्श क्रिस्टल डायोड वह होता है जो एक आदर्श के रूप में व्यवहार करता है ....

जब आगे पक्षपाती।

कंडक्टर

इन्सुलेटर

प्रतिरोध सामग्री

इनमे से कोई भी नहीं

उत्तर: 1

9. a . के विपरीत प्रतिरोध और अग्र प्रतिरोध का अनुपात

जर्मेनियम क्रिस्टल डायोड लगभग ....

1 1

100: 1

1000: 1

40,000 : 1

उत्तर: 4

10. क्रिस्टल डायोड में लीकेज करंट .... के कारण होता है।

अल्पसंख्यक वाहक

बहुसंख्यक वाहक

जंक्शन समाई

इनमे से कोई भी नहीं

उत्तर: 1

11. यदि क्रिस्टल डायोड का तापमान बढ़ जाता है, तो रिसाव वर्तमान ....

वैसा ही रहता है

कम हो जाती है

बढ़ती है

शून्य हो जाता है

उत्तर: 3

12. एक क्रिस्टल डायोड की PIV रेटिंग .... समकक्ष की होती है

वैक्यूम डायोड

बराबर

से कम

इससे अधिक

इनमे से कोई भी नहीं

उत्तर: 2

13. यदि क्रिस्टल डायोड का डोपिंग स्तर बढ़ा दिया जाता है, तो ब्रेकडाउन वोल्टेज............।

वैसा ही रहता है

बढ़ जाती है

घटा है

इनमे से कोई भी नहीं

उत्तर: 3

14. क्रिस्टल डायोड का घुटना वोल्टेज लगभग बराबर होता है प्रति ....।

एप्लाइड वोल्टेज

बिजली की ख़राबी

वोल्टेज आगे बढ़ाएं

बाधा क्षमता

उत्तर: 4

15. जब धारा के माध्यम से और वोल्टेज के बीच का ग्राफ a डिवाइस एक सीधी रेखा है, डिवाइस को .... के रूप में संदर्भित किया जाता है।

रैखिक

सक्रिय

अरेखीय

निष्क्रिय

उत्तर: 1

16. जब क्रिस्टल करंट डायोड करंट बड़ा होता है, तो बायस ....

आगे

श्लोक में

गरीब

उल्टा

उत्तर: 1

17. एक क्रिस्टल डायोड एक .... डिवाइस है

गैर रेखीय

द्विपक्षीय

रैखिक

इनमे से कोई भी नहीं

उत्तर: 1

18. एक क्रिस्टल डायोड सुधार के लिए .... विशेषता का उपयोग करता है

उल्टा

आगे

आगे या पीछे

इनमे से कोई भी नहीं

उत्तर: 2

19. जब एक क्रिस्टल डायोड को रेक्टिफायर के रूप में प्रयोग किया जाता है, तो सबसे महत्वपूर्ण

विचारणीय है ....

आगे की विशेषता

डोपिंग स्तर

रिवर्स विशेषता

तस्वीर रेटिंग

उत्तर: 4

20. यदि क्रिस्टल डायोड में डोपिंग स्तर बढ़ा दिया जाता है, तो की चौड़ाई

रिक्तिकरण परत...........

वैसा ही रहता है

घटा है

वृद्धि में

इनमे से कोई भी नहीं

उत्तर: 3

21. एक जेनर डायोड में ....

एक पीएन जंक्शन

दो पीएन जंक्शन

तीन पीएन जंक्शन

इनमे से कोई भी नहीं

उत्तर: 1

22. जेनर डायोड का उपयोग .... के रूप में किया जाता है।

एक प्रवर्धक

एक वोल्टेज नियामक

एक सुधारक

एक मल्टीवीब्रेटर

उत्तर: 2

23. जेनर डायोड में डोपिंग स्तर क्रिस्टल डायोड का .... होता है

बराबर

से कम

इससे अधिक

इनमे से कोई भी नहीं

उत्तर: 3

24. एक जेनर डायोड हमेशा .... से जुड़ा रहता है।

उल्टा

आगे

या तो उल्टा या आगे

इनमे से कोई भी नहीं

उत्तर: 1

25. एक जेनर डायोड अपने संचालन के लिए .... विशेषताओं का उपयोग करता है।

आगे

उल्टा

आगे और पीछे दोनों

इनमे से कोई भी नहीं

उत्तर: 2

26. ब्रेकडाउन क्षेत्र में, जेनर डिडो एक .... की तरह व्यवहार करता है।
स्रोत।
स्थिर वोल्टेज
सतत प्रवाह
निरंतर प्रतिरोध
इनमे से कोई भी नहीं
उत्तर: 1
27. एक जेनर डायोड नष्ट हो जाता है यदि यह ....
आगे पक्षपाती है
उल्टा पक्षपाती है
रेटेड वर्तमान से अधिक वाहक
इनमे से कोई भी नहीं
उत्तर: 3
28. जेनर सर्किट में एक श्रृंखला प्रतिरोध .... से जुड़ा है।
जेनर को ठीक से उलट दें
जेनर की रक्षा करें
जेनर बायस को ठीक से फॉरवर्ड करें
इनमे से कोई भी नहीं
उत्तर: 2
29. एक जेनर डायोड .... होता है। उपकरण
एक गैर-रैखिक
एक रैखिक
एक प्रवर्धक
इनमे से कोई भी नहीं
उत्तर: 1
30. एक जेनर डायोड में .... ब्रेकडाउन वोल्टेज होता है
अपरिभाषित
तीखा
शून्य
इनमे से कोई भी नहीं
उत्तर: 2
31. .... रेक्टिफायर का फॉरवर्ड रेजिस्टेंस सबसे कम होता है
ठोस अवस्था
वेक्यूम - ट्यूब

गैस ट्यूब
इनमे से कोई भी नहीं
उत्तर: 1
32. मेन्स एसी पावर को .... के लिए डीसी पावर में परिवर्तित किया जाता है।
प्रकाश के उद्देश्य
हीटर
इलेक्ट्रॉनिक उपकरणों में उपयोग करना
इनमे से कोई भी नहीं
उत्तर: 3
33. हाफ वेव रेक्टिफायर का नुकसान यह है कि ....
घटक महंगे हैं
डायोड की उच्च शक्ति रेटिंग होनी चाहिए
आउटपुट को फ़िल्टर करना मुश्किल है
इनमे से कोई भी नहीं
उत्तर: 3
34. यदि हाफ-वेव रेक्टिफायर का एसी इनपुट 400/√2 . का आरएमएस मान है वोल्ट, तो डायोड PIV रेटिंग .... है।
400/√2 वी
400 वी
400 x 2 वी
इनमे से कोई भी नहीं
उत्तर: 2
35. हाफ-वेव रेक्टिफायर का रिपल फैक्टर .... है
21
.21
2.5
0.48
उत्तर: 4
36. .... के लिए ट्रांसफार्मर की आवश्यकता होती है।
हाफ-वेव रेक्टिफायर
सेंटर-टैप फुल-वेव रेक्टिफायर
ब्रिज फुल-वेव रेक्टिफायर
इनमे से कोई भी नहीं
उत्तर: 2
37. ब्रिज रेक्टिफायर में प्रत्येक डायोड की PIV रेटिंग .... that . है

समतुल्य केंद्र-टैप दिष्टकारी का

एक आधा

बराबर

दो बार

चार बार

उत्तर: 1

38. समान माध्यमिक वोल्टेज के लिए, एक सेंटेप से आउटपुट वोल्टेज रेक्टिफायर ब्रिज रेक्टिफायर की तुलना में .... होता है

दो बार

तीन बार

चार बार

एक आधा

उत्तर: 4

39. यदि किसी डायोड की PIV रेटिंग पार हो जाती है, ...

डायोड खराब आचरण करता है

डायोड नष्ट हो जाता है

डायोड जेनर डायोड की तरह व्यवहार करता है

इनमे से कोई भी नहीं

उत्तर: 2

40. एक 10 वी बिजली की आपूर्ति .... का उपयोग करेगी। फिल्टर कैपेसिटर के रूप में।

कागज संधारित्र

अभ्रक संधारित्र

विद्युत - अपघटनी संधारित्र

वायु संधारित्र

उत्तर: 3

41. एक 1,000 वी बिजली की आपूर्ति फिल्टर कैपेसिटर के रूप में .... का उपयोग करेगी

कागज संधारित्र

वायु संधारित्र

अभ्रक संधारित्र

विद्युत - अपघटनी संधारित्र

उत्तर: 1

42. .... फ़िल्टर सर्किट का परिणाम सर्वोत्तम वोल्टेज विनियमन में होता है

चोक इनपुट

संधारित्र इनपुट

प्रतिरोध इनपुट

इनमे से कोई भी नहीं

उत्तर: 1

43. एक हाफ-वेव रेक्टिफायर में 240 V rms का इनपुट वोल्टेज होता है यदि स्टेप डाउन ट्रांसफॉर्मर का टर्न रेशियो 8:1 है, पीक लोड कितना है?

वोल्टेज? डायोड ड्रॉप पर ध्यान न दें।

27.5 वी

86.5 वी

30 वी

42.5 वी

उत्तर: 4

44. हाफ-वेव रेक्टिफायर की अधिकतम दक्षता .... है।

40.6%

81.2%

50%

25%

उत्तर: 1

45. सबसे व्यापक रूप से इस्तेमाल किया जाने वाला रेक्टिफायर .... है।

हाफ-वेव रेक्टिफायर

सेंटर-टैप फुल-वेव रेक्टिफायर

ब्रिज फुल-वेव रेक्टिफायर

इनमे से कोई भी नहीं

उत्तर:3

1. एक ट्रांजिस्टर में ....

ए] एक पीएन जंक्शन

बी] <u>दोपीएनजंक्शन</u>

सी] तीन पीएन जंक्शन

डी] चार पीएन जंक्शन

2. एक ट्रांजिस्टर में रिक्तीकरण परतों की संख्या ....

ए] चार

बी] तीन

सी] एक

डी] <u>दो</u>

3. ट्रांजिस्टर का आधार .... डोपेड होता है

ए] भारी

बी] मध्यम

सी] हल्केसे

डी] उपरोक्त में से कोई नहीं

4. ट्रांजिस्टर में सबसे बड़ा आकार वाला तत्व ....

ए] कलेक्टर

बी] आधार

सी] उत्सर्जक

डी] कलेक्टर-बेस-जंक्शन

5. एक pnp ट्रांजिस्टर में, करंट कैरियर्स .... होते हैं।

ए] स्वीकर्ता आयन

बी] दाता आयन

सी] मुक्त इलेक्ट्रॉन

डी] छेद

6. ट्रांजिस्टर का संग्राहक .... डाल दिया गया

ए] भारी

बी] मध्यम

सी] हल्के से

डी] उपरोक्त में से कोई नहीं

7. ट्रांजिस्टर एक .... संचालित उपकरण है

ए] वर्तमान

बी] वोल्टेज

सी] वोल्टेज और करंट दोनों

डी] उपरोक्त में से कोई नहीं

8. एनपीएन ट्रांजिस्टर में .... अल्पसंख्यक वाहक हैं

ए] मुक्त इलेक्ट्रॉन

बी] छेद

सी] दाता आयन

डी] स्वीकर्ता आयन

9. एक ट्रांजिस्टर का उत्सर्जक .... डोपेड होता है

ए] हल्के से

बी] भारी

सी] मध्यम

डी] उपरोक्त में से कोई नहीं

10. एक ट्रांजिस्टर में, बेस करंट उत्सर्जक धारा का लगभग .... होता है

ए] 25%

बी] 20%

सी] 35%

डी] 5%

11. एक ट्रांजिस्टर के बेस-एमिटर जंक्शनों पर, कोई .... पाता है

ए] एक रिवर्स पूर्वाग्रह

बी] एक विस्तृत कमी परत

सी] कमप्रतिरोध

डी] उपरोक्त में से कोई नहीं

12. एक ट्रांजिस्टर का इनपुट प्रतिबाधा ....

ऊंचा

बी] कम

सी] बहुत ऊंचा

डी] लगभग शून्य

13. अधिकांश बहुसंख्यक वाहक उत्सर्जक से ....

ए] आधार में पुनर्संयोजन

बी] उत्सर्जक में पुनर्संयोजन

सी] आधारक्षेत्रसेकलेक्टरकेपासजाएं

डी] उपरोक्त में से कोई नहीं

14. वर्तमान आईबी .... है

ए] इलेक्ट्रॉनवर्तमान

बी] होल करंट

सी] दाता आयन वर्तमान

डी] स्वीकर्ता आयन करंट

15. एक ट्रांजिस्टर में ....

ए] आईसी = आईई + आईबी

बी] आईबी = आईसी + आईई

सी] आईई = आईसी - आईबी

डी] आईई = आईसी + आईबी

16. एक ट्रांजिस्टर का मान .... है।

ए] 1 . से अधिक

बी] 1 . सेकम

सी] 1
डी] उपरोक्त में से कोई नहीं
17. आईसी = एआईई + ...।
ए] आईबी
बी] आईसीईओ
सी] आईसीबीओ
डी] आईबी
18. एक ट्रांजिस्टर का आउटपुट प्रतिबाधा .... है।
ए] उच्च
बी] शून्य
सी] कम
डी] बहुत कम
19. एक टैन्सिस्टर में, IC = 100 mA और IE = 100.2 mA। का मान ....
ए] 100
बी] 50
सी] लगभग 1
डी] 200
20. एक ट्रांजिस्टर में यदि = 100 और संग्राहक धारा 10 mA है, तो IE है ....
ए] 100 एमए
बी] 100.1 एमए
सी] 110 एमए
डी] उपरोक्त में से कोई नहीं
21. और a के बीच संबंध ....
ए] = 1 / (1 - ए)
बी] = (1 - ए) / ए
सी] = ए / (1 - ए)
डी] = ए / (1 + ए)
22. एक ट्रांजिस्टर के लिए का मान सामान्यतः .... होता है।
ए] 1 से कम 1
बी] 20 और 500 . के बीच
सी] 500 . सेऊपर
23. सबसे अधिक इस्तेमाल की जाने वाली ट्रांजिस्टर व्यवस्था .... व्यवस्था है
ए] आमउत्सर्जक

बी] आम आधार

सी] आम कलेक्टर

डी] उपरोक्त में से कोई नहीं

24. .... व्यवस्था में जुड़े ट्रांजिस्टर का इनपुट प्रतिबाधा उच्चतम है

ए] आम उत्सर्जक

बी] आमकलेक्टर

सी] आम आधार

डी] उपरोक्त में से कोई नहीं

25. .... में जुड़े ट्रांजिस्टर का आउटपुट प्रतिबाधा।

ए] व्यवस्था उच्चतम है

बी] आम उत्सर्जक

सी] आमकलेक्टर

डी] आम आधार

इनमे से कोई भी नहीं

26. इनपुट और आउटपुट वोल्टेज के बीच चरण अंतर a

सामान्य आधार व्यवस्था ....

ए] 180o

बी] 90o

सी] 270o

डी] 0o

27. .... में जुड़े ट्रांजिस्टर में शक्ति लाभ। व्यवस्था सर्वोच्च है

ए] आमउत्सर्जक

बी] आम आधार

सी] आम कलेक्टर

डी] उपरोक्त में से कोई नहीं

28. a . के इनपुट और आउटपुट वोल्टेज के बीच चरण अंतर

उभयनिष्ठ उत्सर्जक व्यवस्था में जुड़ा ट्रांजिस्टर ....

ए] 0o

बी] 180o

सी] 90o

डी] 270o

29. .... में जुड़े ट्रांजिस्टर में वोल्टेज लाभ। व्यवस्था सर्वोच्च है

ए] आम आधार

बी] आम कलेक्टर

सी] <u>आमउत्सर्जक</u>

डी] उपरोक्त में से कोई नहीं

30. जैसे ही ट्रांजिस्टर का तापमान बढ़ता है, बेस-एमिटर प्रतिरोध ....

ए] <u>घटताहै</u>

बी] बढ़ता है

सी] वही रहता है

डी] उपरोक्त में से कोई नहीं

31. आम संग्राहक में जुड़े ट्रांजिस्टर का वोल्टेज लाभ

ए] व्यवस्था है ....

बी] 1 . के बराबर

सी] 10 . से अधिक

डी] <u>100 सेअधिक 1 सेकम</u>

32. सामान्य संग्राहक व्यवस्था में जुड़े ट्रांजिस्टर के इनपुट और आउटपुट वोल्टेज के बीच चरण अंतर .... है

ए] 180o

बी] <u>0o</u>

सी] 90o

डी] 270o

33. आईसी = आईबी + ...

ए] आईसीबीओ

बी] आईसी

सी] <u>आईसीईओ</u>

डी] एआईई

34. आईसी = [ए / (1 - ए)] आईबी + ...।

ए] <u>आईसीईओ</u>

बी] आईसीबीओ

सी] आईसी

डी] (1 - ए) आईबी

35. आईसी = [ए / (1 - ए)] आईबी + [........ / (1 - ए)]

ए] <u>आईसीबीओ</u>

बी] आईसीईओ

सी] आईसी

मरना

36. ईसा पूर्व 147 ट्रांजिस्टर इंगित करता है कि यह .... का बना है।

ए] जर्मेनियम

बी] सिलिकॉन

सी] कार्बन

डी] उपरोक्त में से कोई नहीं

37. ICEO = (.........) ICBO

ए] ß1

बी] + ए

सी] 1 +

डी] उपरोक्त में से कोई नहीं

38. सीबी मोड में एक ट्रांजिस्टर जुड़ा हुआ है। यदि यह समान बायस वोल्टेज के साथ CE मोड में कनेक्ट नहीं है, तो IE, IB और IC के मान .... होंगे।

ए] वहीरहें

बी] वृद्धि

सी] कमी

डी] उपरोक्त में से कोई नहीं

39. यदि a का मान 0.9 है, तो का मान ....

ए] 9

बी] 0.9

सी] 900

डी] 90

40. एक ट्रांजिस्टर में, सिग्नल को .... सर्किट से स्थानांतरित किया जाता है

ए] कम प्रतिरोध के लिए उच्च प्रतिरोध

बी] उच्चप्रतिरोधकेलिएकमप्रतिरोध

सी] उच्च प्रतिरोध के लिए उच्च प्रतिरोध

डी] कम प्रतिरोध के लिए कम प्रतिरोध

41. एक ट्रांजिस्टर के प्रतीक में तीर दिशा को इंगित करता है

का ....।

A] उत्सर्जक में इलेक्ट्रॉन धारा

B] संग्राहक में इलेक्ट्रॉन धारा

C] एमिटरमेंहोलकरंट

डी] दाता आयन वर्तमान

42. CE व्यवस्था में लीकेज करंट .... होता है। कि सीबी व्यवस्था में

ए] सेअधिक

बी] से कम

सी] के समान

डी] उपरोक्त में से कोई नहीं

43. एक ताप सिंक का प्रयोग आमतौर पर ट्रांजिस्टर के साथ .... के लिए किया जाता है।

ए] आगे की धारा बढ़ाएं

बी] आगे की धारा को कम करें

सी] अत्यधिक डोपिंग के लिए क्षतिपूर्ति

डी] अत्यधिकतापमानवृद्धिकोरोकें

44. a . के निर्माण में सबसे अधिक इस्तेमाल किया जाने वाला अर्धचालक ट्रांजिस्टर ....

ए] जर्मेनियम

बी] सिलिकॉन

सी] कार्बन

डी] उपरोक्त में से कोई नहीं

45. ट्रांजिस्टर में कलेक्टर-बेस जंक्शन में .... होता है।

ए] हर समय आगे का पूर्वाग्रह

बी] हरसमयरिवर्सबायस

सी] कम प्रतिरोध

डी] उपरोक्त में से कोई नहीं

1: अचार बनाने की प्रक्रिया क्या है?

ए: बफिंग

बी: सफाई

सी: पॉलिशिंग

डी: रफिंग

2 : माइल्ड स्टील का अचार बनाने के लिए किस अम्ल का प्रयोग किया जाता है ?

ए: हाइड्रोक्लोरिक एसिड

बी: नाइट्रिक एसिड

सी: सल्फोनिक एसिड

डी: हाइड्रोफ्लोरिक एसिड

3: इलेक्ट्रोप्लेटिंग में किस शक्ति स्रोत का उपयोग किया जाता है?

ए: एसी

बी: कम डीसी

सी: उच्च एसी

डी: उच्च डीसी

4 : अम्ल अचार का प्रयोग कर धातुओं पर से किसे हटाया जाता है ?

ए: ऑक्साइड

बी: पेंट्स

सी: तेल

डी: ग्रीस

5: इलेक्ट्रोप्लेटिंग में करंट घनत्व की इकाई क्या है?

ए: एएमपी / एम 2

बी: एम्प/सेकंड

सी: एएमपी / एम

डी: एम्प/वोल्टेज

6 : फैराडे के इलेक्ट्रोलिसिस के नियमों के अनुसार जमा किए गए द्रव्यमान पर कौन निर्भर करता है?

एक लहर

बी: समय

सी: वर्तमान और समय

डी: वोल्टेज

7 : इलेक्ट्रोप्लेटिंग के लिए कौन सा नियम लागू होता है ?

ए: फैराडे का इलेक्ट्रोलिसिस का नियम

B : ओम का नियम

C : लेन्ज़ का नियम

D : किरचॉफ का नियम

8 : जल का अणुभार कितना होता है ?

ए: 18 ग्राम / मोल

बी: 20 ग्राम / मोल

सी: 17 ग्राम / मोल

डी: 16 ग्राम / मोल

9 : आणविक भार की इकाई क्या है?

ए: जी / मोल

बी: जीएम / एल

सी: ग्राम

डी: किलोग्राम

10 : किस विलयन में विलेय की सान्द्रता कम होती है?

ए: संतृप्त समाधान

बी: असंतृप्त समाधान

C : अति संतृप्त विलयन

डी: सामान्य समाधान

11 : शीतल जल का उदाहरण कौन सा है ?

ए: पीने का पानी

दिमाग

सी: साबुन का पानी

डी: नमक का पानी

12 : इलेक्ट्रोप्लेटिंग में टैंक लाइनिंग के लिए प्रयुक्त सामग्री का क्या नाम है ?

एक रबर

बी: लकड़ी

सी: पीवीसी

डी: प्लास्टिक

13: किस प्रकार की सफाई, स्प्रे सफाई के अंतर्गत आता है?

ए: प्रारंभिक सफाई

बी: अंतिम सफाई

सी: रासायनिक सफाई

डी: तेज सूई

14 : इलेक्ट्रोप्लेटिंग में पॉलिशिंग के बाद कौन सी प्रक्रिया होती है?

ए: सुखाने

बी: बफिंग

सी: डिबुरिंग

डी: डी-स्केलिंग

15 : इलेक्ट्रोप्लेटिंग में अपघर्षक परिष्करण का दूसरा नाम कौन सा है ?

ए: क्रॉसिंग

बी: पॉलिशिंग

सी: बफिंग

डी: सुखाने

16 : उस प्रक्रिया का नाम क्या है जो अम्ल में धातु की सफाई कर क्षरण को दूर करती है?

सतह से उत्पाद?

ए: अचार बनाना

बी: डी-स्केलिंग

सी: सुखाने

डी: डिबुरिंग

17 : ऑक्सालिक एसिड क्रिस्टल के बराबर वजन कौन सा है?

ए: 53

बी: 58

सी: 61

डी: 63

18 : धातु का अचार बनाने और नक़्क़ाशी करने के लिए किस अम्ल का प्रयोग किया जाता है ?

ए: सल्फ्यूरिक एसिड

बी: बोरिक एसिड

सी: फॉस्फोरिक एसिड

डी: फास्फोरस एसिड

19 : वाष्प को कम करने के लिए किस रसायन का प्रयोग किया जाता है ?

ए: ट्राइक्लोरोइथिलीन

बी: सोडियम कार्बोनेट

सी: ट्राइसोडियम फॉस्फेट

डी: सोडियम हाइड्रोक्साइड

20 : क्षारीय सफाई के लिए किस विलयन का प्रयोग किया जाता है ?

ए: सोडियम कार्बोनेट

बी: ट्राइक्लोरोइथिलीन

सी: अमोनियम साइट्रेट

डी: सोडियम क्लोराइड

21 : लौह धातु का अचार बनाने के लिए किस विलयन का प्रयोग किया जाता है ?

ए: एचसीएल एसिड समाधान

बी: एचएफ एसिड समाधान

सी: एचएनओ 3 एसिड समाधान

डी: एच 2 एसओ 4 एसिड समाधान

22 : अलौह धातुओं का अचार बनाने के लिए किस विलयन का प्रयोग किया जाता है ?

ए: H2SO4 एसिड समाधान

बी: एचएफ एसिड समाधान

सी: नाइट्रिक एसिड समाधान

डी: एचसीएल एसिड समाधान

23 : मैग्नीशियम मिश्र धातुओं का अचार बनाने के लिए किस विलयन का प्रयोग किया जाता है?

ए: हाइड्रोक्लोरिक एसिड समाधान

बी: हाइड्रोफ्लोरिक एसिड समाधान
सी: नाइट्रिक एसिड समाधान
डी: सल्फ्यूरिक एसिड पतला
24 : निकेल बाथ को बनाए रखने के लिए किस विधि का प्रयोग किया जाता है?
ए: एलओडी मीट्रिक विधि
बी: अनुमापन
सी: ईडीटीए विधि
डी: गुरुत्वाकर्षण विधि
25 : हार्ड प्लेटिंग के मास्किंग के लिए किस सामग्री का उपयोग किया जाता है?
ए: लाह को रोकना
बी: पीवीसी टेप
सी: अराल्डाइट
डी: गोंद
26 : कॉपर प्लेटिंग के लिए किस टैंक का प्रयोग किया जाता है ?
ए: सादा वेल्डेड स्टील
बी: लीड लाइन टैंक
सी: ग्लास लाइन टैंक
डी: एंटीमोनियल लीड लाइन टैंक
27 : तांबे का परमाणु क्रमांक कितना होता है ?
ए: 30
बी: 29
सी: 28
डी: 31
28 : अम्ल तांबे के घोल का तापमान कितना होता है?
ए: 60 से 71 डिग्री सेल्सियस
बी: 40 से 45 डिग्री सेल्सियस
सी: 45 से 55 डिग्री सेल्सियस
डी: 25 से 30 डिग्री सेल्सियस
29 : अम्ल कॉपर विलयन के लिए किस प्रकार का हीटर उपयुक्त है?
ए: स्टील केस इलेक्ट्रिक इमर्शन हीटर
बी: सिलिका केस हीटर
सी: लीड लाइन हीटर
डी: ग्लास लाइन विसर्जन हीटर
30 : रोशेल कॉपर साल्ट क्या है?

ए: साइनाइड कॉपर नमक

बी: एसिड कॉपर नमक

सी: यूज़ेक्स कॉपर नमक

डी: कॉपर फ्लूबोरक नमक

31 : तांबे की परत चढ़ाने के लिए कौन सा सायनाइड नमक प्रयोग में लाया जाता है ?

ए: एसिड कॉपर नमक

बी: रोशेल कॉपर नमक

सी: यूज़ेक्स कॉपर नमक

डी: कॉपर फ्लू नमक

32 : विसर्जन विधि द्वारा तांबा चढ़ाना हटाने के लिए किस प्रकार के घोल का उपयोग किया जाता है?

ए: क्रोमिक एसिड और सल्फ्यूरिक एसिड

बी: नाइट्रिक एसिड और हाइड्रोक्लोरिक एसिड

सी: तेज नमक और हाइड्रोक्रोनिक एसिड

डी: हाइड्रो फ्लोरिक एसिड और साइनाइड समाधान

33 : निकेल का गुण क्या है ?

ए: हाइड्रोक्लोराइड में तेजी से घुलनशील

बी: उच्च यांत्रिक शक्ति

C : तनु सल्फ्यूरिक अम्ल निकल पर आक्रमण करता है

डी: कम यांत्रिक शक्ति

34 : सजावटी परिष्करण के लिए किस प्रकार के इलेक्ट्रोप्लेटिंग का उपयोग किया जाता है?

ए: सोना चढ़ाना

बी: चांदी चढ़ाना

सी: निकल चढ़ाना

डी: कैडमियम चढ़ाना

35 : निकल के लिए स्वाइलिंग, ड्रैग इन और ड्रैग आउट ऑपरेशन के लिए किस प्रकार के प्लेटिंग टैंक का उपयोग किया जाता है

चढ़ाना?

ए: ग्लास फाइबर टैंक

बी: तामचीनी टैंक

सी: स्टोनवेयर टैंक

डी: स्टेनलेस स्टील टैंक

36 : डल निकल प्लेटिंग के लिए प्रयुक्त इलेक्ट्रोलाइट में कौन से रसायन होते हैं?

एः निकल क्लोराइड, बोरिक एसिड और अमोनियम सल्फेट

बीः बोरिक एसिड, निकेल सल्फेट और अमोनियम क्लोराइड

सीः सल्फ्यूरिक एसिड, हाइड्रोक्लोरिक एसिड और बोरिक एसिड को पतला करें

डीः निकल सल्फेट, सल्फ्यूरिक एसिड और हाइड्रोक्लोराइड

37 : निकेल प्लेटिंग विलयन के लिए pH मान की सीमा कितनी होनी चाहिए?

एः 2.5 से 3.0

बीः 3.2 से 4.2

सीः 3.6 से 4.2

डीः 4.5 से 5.0

38 : निकल चढ़ाना विलयन से कार्बनिक अशुद्धियों को दूर करने के लिए किस धातु का उपयोग किया जाता है?

एः सिल्वर

बीः कार्बन

सीः निक्रोम

डीः क्रोमियम

39 : धारा के अत्यधिक घनत्व के कारण उत्पन्न होने वाले दोष का क्या नाम है ?

एः अपूर्ण आसंजन

बीः रफ एंड डार्क डिपॉजिट

सीः काला (या) अंधेरा चढ़ाना

डीः जमा का खड़ा होना

40 : निकेल प्लेटिंग के दोष का क्या नाम है ?

एः ब्लिस्टर्ड

बीः अनकोटेड

सीः पिटेड

डीः अर्ध उज्ज्वल

41 : कौन सी धातु निकल जमा इलेक्ट्रोलाइटिक प्रक्रिया द्वारा हटाया जा सकता है?

एः जिंक बेस मिश्र धातु

बीः कॉपर बेस मिश्र धातु

सीः क्रोमियम बेस मिश्र धातु

डीः सिल्वर बेस एलॉयज

42 : क्रोमियम जमा के प्रभावी पालन के लिए कौन सी सावधानी आवश्यक है
इलेक्ट्रोप्लेटेड सतह?

एः आयताकार आकार में होना चाहिए

बीः साफ स्थिति में होना चाहिए

सी: फ्लैट होना चाहिए

डी: अधिक मोटाई होनी चाहिए

43 : उज्ज्वल क्रोमियम चढ़ाना का क्या उपयोग है?

ए: शानदार नीले सफेद दिखने वाले लेखों के लिए

बी: इलेक्ट्रॉनिक्स और सेमी कंडक्टर डिवाइस में

सी: सजावटी कोटिंग लोहा और इस्पात के लिए

डी: कलात्मक मूर्तियों के लिए विद्युत उपयोगिता के लिए

44 : उज्ज्वल क्रोमियम चढ़ाना के लिए उपयोग किए जाने वाले पॉलीप्रोपाइलीन टैंक का उद्देश्य क्या है?

ए: स्प्रे और समाधान के नुकसान को कम करने के लिए

बी: स्वाइलिंग के लिए ड्रैग इन और ड्रैग आउट

C : इसमें भरे गए क्रोमियम के घोल को कम करने के लिए

डी: गर्मी और वाष्पीकरण के नुकसान को कम करने के लिए

45 : क्रोमियम चढ़ाना समाधान किस हद तक 100 ग्राम/1000 एएच तक ग्रेड है?

ए: उच्च ग्रेड सल्फ्यूरिक एसिड जोड़कर

बी: उच्च ग्रेड क्रोमिक एसिड जोड़कर

C : क्रोमियम सल्फेट मिलाने से

D : विलयन को 50°C तापमान तक गर्म करने पर

46 : में विलयन के साथ त्रिसंयोजक क्रोमियम सामग्री बनने के कारण कौन सा प्रभाव होता है?

उज्ज्वल क्रोमियम चढ़ाना?

ए: तापमान में उच्च मूल्य में वृद्धि

बी: समाधान दक्षता में गिरावट

सी: क्रोमिक एसिड की एकाग्रता में वृद्धि

डी: संक्षारण प्रतिरोध को कम करें

47 : जहां पारंपरिक उज्ज्वल क्रोमियम चढ़ाना प्रकार कार्यरत है?

ए: इलेक्ट्रॉनिक घटक

बी: ऑटोमोबाइल फिटिंग

सी: विद्युत संपर्क

डी: फ्लैटवेयर उद्योग

48 : चमकदार क्रोमियम प्लेट वाली वस्तुओं के निलंबन के लिए किसका उपयोग किया जाता है?

ए: बस बार

बी: स्टील लोहे की छड़

सी: जिग्स (या) रैक

डी: लौह कोण

49 : चमकदार क्रोमियम प्लेटिंग में वस्तुओं के अकुशल संपर्क के कारण कौन सा दोष होता है?

ए: जमा पर भूरे रंग के धब्बे

बी: सुस्त, ग्रे, मोटा जमा

सी: ब्लिस्टर्ड जमा

डी: लेख पर थोड़ा क्रोमियम जमा

50: यांत्रिक भागों को घुमाने के लिए किस प्रकार की प्लेटिंग लगाई जाती है?

ए: उज्ज्वल क्रोमियम चढ़ाना

बी: हार्ड क्रोमियम चढ़ाना

सी: पीतल चढ़ाना

डी: कॉपर चढ़ाना

51: हाई स्पीड हार्ड क्रोमियम प्लेटिंग के लिए उपयोग किए जाने वाले क्रोमिक एसिड का रेंज वैल्यू क्या है?

समाधान?

ए: 100 ग्राम/ली से 150 ग्राम/ली

बी: 200 ग्राम/लीटर से 225 ग्राम/ली

सी: 250 ग्राम/ली से 300 ग्राम/ली

डी: 300 ग्राम/लीटर से 325 ग्राम/ली

52 : प्लेट पर ले जाने वाले क्रोमियम के घोल को कम करने के लिए किस प्रक्रिया का उपयोग किया जाता है

अवयव?

ए: अंतिम rinsing

बी: उपचार के बाद

सी : न्यूट्रलाइजिंग डिप

डी: गर्मी उपचार

53 : हार्ड क्रोमियम प्लेटिंग में सॉफ्ट डिपॉजिट डिफेक्ट का कारण क्या है ?

ए: उच्च वर्तमान घनत्व

बी: बहुत अधिक तापमान

सी: ग्रीस की उपस्थिति

डी: बहुत कम वर्तमान घनत्व

54 : कॉपर और उसकी मिश्रधातुओं से क्रोमियम निकालने के लिए किस अम्ल का प्रयोग किया जाता है?

A : तनु सल्फ्यूरिक अम्ल

बी: हाइड्रोक्लोरिक एसिड पतला

सी: कैडमियम साइनाइड

डी: सोडियम साइनाइड

उत्तर:

1:बी; 2:ए; 3:बी; 4:ए; 5:ए; 6:सी; 7:ए; 8:ए; 9:ए; 10:सी; 11:बी; 12:ए; 13:सी; 14:बी; 15:ए; 16:ए; 17:डी;

18:ए; 19:ए; 20:ए; 21:ए; 22:बी; 23:डी; 24:सी; 25:ए; 26:ए; 27:बी; 28:ए; 29:ए; 30:बी; 31:सी; 32:ए; 33:बी;

34:सी; 35:डी; 36:ए; 37:सी; 38:बी; 39:बी; 40:ए; 41:बी; 42:बी; 43:ए; 44:बी; 45:बी; 46:बी; 47:बी; 48:सी; 49:ए;

50:बी; 51:सी; 52:सी; 53:डी; 54:बी;

www.ingramcontent.com/pod-product-compliance
Ingram Content Group UK Ltd.
Pitfield, Milton Keynes, MK11 3LW, UK
UKHW021915190726
13853UKWH00002B/684

9 798888 159866